# 99 PERFEKTE RESTAURANTS BARS & CAFÉS

Süddeutsche Zeitung Edition

Impressum


für die Süddeutsche Zeitung Edition
in Kooperation mit smart-travelling print UG, Berlin

Konzept und Redaktion: Nancy Bachmann, Nicola Bramigk
Projektleitung: Sabine Sternagel; Produktmanagement: Jasmin Seitner
Texte: Mansur Ajang, Ralf Amann, Nancy Bachmann, Julia Bähr, Nicola Bramigk, Sabine Danek, Karolin Langfeldt, Carlos Kessler, Sabine Mergener, Gesine Tosin, Andrea Zepp
Fotos: Nicola Bramigk, Malin Elmlid, Katharina Gossow, Namy Nosratifard, Coverfoto mit freundlicher Genehmigung von Henrique Costa Pereira
Art Direktion und Gestaltung: Studio Mahr
Covergestaltung, Produktion: Daniela Mecklenburg
Herstellung: Thekla Licht, Hermann Weixler
Druck und Bindung: Firmengruppe APPL, aprinta Druck GmbH, Wemding
Printed in Germany
ISBN: 978-3-86497-344-4

1. Auflage 2016

WHAT WE LOVE
SMART TRAVELLING

# 99
# PERFEKTE RESTAURANTS
## BARS & CAFÉS

Süddeutsche Zeitung Edition

# VORWORT

Smart Travelling begann mit ein paar Schuhkartons voller Visitenkarten unserer Lieblingsorte und der Idee, die Welt in Begleitung eines guten Freundes zu entdecken. Ein Freund, der genau weiß, was einem gefällt, der einen zu den schönsten, authentischsten Plätzen und manchmal auch an geheime Orte führt. Mehr als zehn Jahre ist das her und seitdem reisen wir auf der Suche nach unvergesslichen Hotels, Restaurants, Cafés und Erlebnissen in die aufregendsten Metropolen und die malerischsten Regionen rund um den Erdball.

Ausgestattet mit dem „Suchen-und-Finden-Gen" und erfüllt von Leidenschaft für erlesene Orte, die durch ihre besondere Seele, charmante Patina, individuelles Design, lokale Verbundenheit oder internationalen Glamour herausragen: Unvergleichlich, einen High Tea im Londoner Grand Café zu nehmen, auf der lauschigen Terrasse des provenzalischen Bio-Sterne-Restaurants La Chassagnette Gemüse aus dem Garten gleich nebenan zu genießen, in Hollywoods veganem place to be, dem Café Gratitude, eine Pasta aus Meeresalgen zu probieren oder sich im traditionsreichen Chiemgauer Landgasthof Hirzinger die Wollwürste mit Bratensoße schmecken zu lassen.

Kein Ort, an dem wir nicht persönlich waren, kein Tipp, der nicht aus eigener Erfahrung und von Herzen kommt. Als Reiseexperten, Scouts, Autoren und Fotografen packen wir immer wieder gerne unsere Koffer, machen uns in die entlegensten Winkel auf, um die perfekten Orte für Sie zu finden.

Vor Ihnen liegt jetzt die Sammlung unserer 99 Lieblingsrestaurants, Cafés und Bars, die Essenz unserer Buchreihen. Sie führt rund um die Welt an Sehnsuchtsorte, die ihre ganz eigenen Geschichten erzählen und das einzigartige Flair einer Stadt oder Region ausstrahlen.

Viel Freude beim Lesen, Träumen und Erleben.

Ihre Nicola Bramigk & Nancy Bachmann

# INHALT

» Trotz aller erlesenen Zutaten ist der Pilz hier Trumpf. «

# CAFÉ DES SPORES

## KLEIN · ERLESEN · KUNSTVOLL

Je später der Abend, desto beschlagener die großen Scheiben des kleinen Restaurants. Und das ist ein gutes Zeichen. Denn dann stand Cédric einmal mehr an den vier Gasflammen des Herds mitten im Gastraum, hat an der langen Theke so zärtlich wie entschlossen bergeweise Pilze geputzt, Trüffel gehobelt, Pfännchen geschwenkt – und immer wieder seine Schweißermaske herausgeholt, um die einzigartige Crème brûlée mit Foie gras und Porcini-Pilzen zu flambieren. Denn trotz aller erlesenen Zutaten ist der Pilz hier Trumpf. 25 verschiedene Sorten werden das Jahr über verarbeitet – zu Terrinen, Carpaccios, Aufläufen und anderen Köstlichkeiten. Die Wände der einstigen Weinhandlung sind gestreift, die Tische mit Packpapier gedeckt, die Gerichte auf einer Kreidetafel notiert – und Cédric unermüdlich in Aktion. Während die Pilze brutzeln, serviert er mit seinen Kolleginnen, räumt Tische ab, erklärt die Finesse des jeweiligen Gerichts. Jeder Handgriff sitzt – und die Dramaturgie auch: erst Pilze mit leichtem Orangenaroma, ganz schlicht mit Salz und Pfeffer und zum Öffnen des Magens, dann gedünsteter Chicorée mit schwarzen Trompeten-Pilzen als eigensinnige Variation des belgischen Klassikers, anschließend die Spezialität des Hauses – gestockte Eier mit Trüffel und dazu ein kräftiger Rotwein wie der Terres des Truffes 2007, den die Kellnerin empfiehlt. Köstlich! Zum Abschluss ein Pilz-Karamell-Eis, und das ist wie der Rest des Restaurants einfach perfekt.

Café des Spores – Chaussée d'Alsemberg 103-108 – Brüssel-Saint-Gilles
T: +32 (0)2 5341303 – www.cafedesspores.be

# AMASS

## SPEKTAKULÄR • EIGENWILLIG • REGIONAL

Ein Dinner im AMASS ist ein unvergessliches Erlebnis. Das fängt schon bei der Anreise an, die in ein Industriegelände am äußeren Rand des Kopenhagener Hafens auf der Insel Refshaleøn führt. In einer alten Werkzeughalle hat sich der Südkalifornier Matt Orlando mit seinem eigenen Restaurant verwirklicht. Vorher kochte er für die besten Sterneköche in San Diego, London und New York und war zum Schluss Head-Chef des legendären Noma. Der Ort ist genauso spektakulär wie seine Küche. Eine Mischung aus minimalistischen dänischen Design und kalifornischen Spirit, rohen Putzwänden mit Graffiti-Kunst, dazu Hiphop-Musik aus den Boxen, offene Küche und ein Menü mit eigenwilligen, perfekt aufeinander abgestimmten, überraschenden Kompositionen, die wie kleine Kunstwerke aussehen und ausgezeichnet schmecken. Orlando arbeitet dabei ausschließlich mit Produkten aus der Region, vieles davon kommt aus dem eigenen Kräuter- und Gemüsegarten und bleibt so auch erschwinglich. Das 7-Gänge-Menü kostet rund 100 Euro, für fünf Gänge zahlt der Gast 80 Euro. Tipp: Reservieren Sie sich einen Platz am Community Table 153, hier wird jeden Abend um 19.30 Uhr das Chef-Choice-Menü serviert, neue Bekanntschaften garantiert. Und sollten Sie sich spontan entscheiden, gibt es bei Orlando immer die Chance auf ein paar walk-in-Plätze am Fenster.

Amass – Refshalevej 153 – Kopenhagen-Refshaleøen
T: +45 43584330 – www.amassrestaurant.com

» Überraschende Kompositionen, die wie kleine Kunstwerke aussehen und ausgezeichnet schmecken. «

»Die Cocktailkarte wird auf die jeweilige Jahreszeit abgestimmt mit Kräutern aus dem eigenen Garten.«

# RUBY BAR

VERSTECKT · SAISONAL · GEMÜTLICH

Eine der schönsten Bars Kopenhagens ist von außen kaum zu erkennen. Ihr Prinzip: möglichst geheimnisvoll wirken. Die hohen Altbauwände, der Blick durch die Fenster auf das Thorvaldsens Museum und die freundliche Begrüßung des Barkeepers sorgen sofort für ein Wohlbefinden. Die Cocktailkarte wird auf die jeweilige Jahreszeit abgestimmt. So findet man auf ihr z. B. den Thymian Collins, ein Drink bestehend aus Tanqueray Gin, Zitronensaft, Soda, Zucker, Grapefruit und aromatischem Thymian, gepflückt im eigenen Garten. Dieser wirkt erfrischend und macht zugleich Lust, den Abend in gemütlicher Atmosphäre zu verbringen. Wer es noch intimer mag, findet im Kellergeschoss, das vorher ein Tresorraum einer ehemaligen Bank war, ein hochwertig ausgestattetes Herrenzimmer. Bequeme Ledersessel, dunkles Holz und schummriges Licht bilden ein Kontrastprogramm zum oberen Bar-Ambiente.

Ruby Bar – Nybrogade 10 – Kopenhagen-Innenstadt
T: +45 33931203 – www.rby.dk

# LOKAL

## ➵ SCHLICHT • BEHAGLICH • STYLISCH

Schlichte weiße Wände, massive Holztische, Betonboden, Schaffelle und große Fenster – das lichtdurchflutete Hochparterre in der Linienstraße ist der Liebling der Berliner Agentur- und Kreativszene. Abends, wenn das helle Tageslicht dem behaglichen Lampenschein weicht, begeistert der Küchenchef Gary Hoopengardner mit deutscher Spitzenküche. Rinderfilet mit Kirschchutney, Käse-Zwiebeltartelette mit Bete, Amaranth, Tomate, Erdbeere oder Kräuterseitling mit Brennnessel, Johannisbeere, Bete, Brie schmücken die Karte. Das Lokal ist die Erweiterung der Chipperfield-Kantine, jenem Restaurant, das eigentlich nur für die Chipperfield-Architekten gedacht war und sich – wegen des tollen Essens und Interieurs – in ein hochfrequentiertes Abendrestaurant verwandelt hat. 2011 schloss es seine Türen und machte erst zwei Jahre später wieder auf, diesmal tatsächlich nur mittags. Grund genug für Maren Thimm und ihren Mann Gary Hoopengardner einen eigenen Laden zu eröffnen und dem Stammpublikum der alten Kantine eine nicht minder köstliche und stylische Alternative zu bieten.

Lokal – Linienstraße 160 – Berlin-Mitte
T: +49 (0)30 28449500 – www.lokal-berlin.blogspot.com

" Vergessene Gemüse- oder Getreidesorten und Kräuter aus dem eigenen Garten stehen auf der täglich wechselnden Karte. "

"Hier kann man sich zurücklehnen und genießen was kommt – und das ist köstlich."

# GRILL ROYAL

## ANGESAGT · GROSSZÜGIG · SPEKTAKULÄR

Borchardt, Paris Bar oder seit einigen Jahren das Grill Royal – die Geister scheiden sich daran, welches Restaurant das beste und angesagteste der Stadt ist. Fest steht, dass das Szene-Restaurant von Boris Radczun und Stefan Landwehr auf jeden Fall ganz vorne in der Berliner Gastronomie-Szene mitspielt. Allein schon die große Terrasse direkt an der Spree ist schwer zu toppen. Ähnlich spektakulär geht es in dem großzügigen Innenraum weiter, der an ein amerikanisches Filmset der 60er-Jahre erinnert. Üppig gepolsterte Sitznischen, weiß eingedeckte Tische, rote Lampen, die ein schummeriges Licht verbreiten, und draußen die langsam vorbeifließende Spree. Hier kann man sich zurücklehnen und genießen was kommt – und das ist köstlich. Insbesondere Fleischliebhaber kommen hier auf ihre Kosten. Das Rindfleisch aus drei Regionen der Welt ist hervorragend, ebenso wie der Fisch. Alles wird auf den Punkt genau serviert. Saucen und Beilagen können dazu individuell kombiniert werden. Ein Must: Die knusprigen Pommes und Süßkartoffel-Chips. „Der Grill", wie ihn die Hauptstädter nennen, ist ideal für einen Abend mit Freunden in großer Runde. Hier trifft die Berliner Schickeria auf die Kreativszene und internationale Prominenz auf Touristen.

Grill Royal – Friedrichstraße 105 b – Berlin-Mitte
T: +49 (0)30 28879288 – www.grillroyal.com

» Stefan Webers Liebe zu den klassischen großen Bars dieser Welt zieht sich durch das ganze Konzept. «

# VICTORIA BAR

KLASSISCH · MODERN · PROFESSIONELL

Klingeln Sie einfach. Keine Angst, bis auf Reisegruppen lassen sie alle sympathischen Menschen hinein. Sie dürfen auch über 35 sein. Alles ist schön gemischt, keine uniforme Szene, dafür viele interessante Leute und zum Glück auch ganz normale. 2001 eröffnet, ist die Bar heute schon ein moderner Klassiker! Häufig haben wir eine Bar wie die Victoria Bar in anderen Städten gesucht, aber nicht gefunden. Aber was macht eine gute Bar überhaupt aus? Ganz klar, die Betreiber und ihr Team. Von Anfang an mit unverändertem Elan und konstanter Professionalität hinter dem Tresen: Beate Hindermann, blond, gerne mit Pferdeschwanz, Hermann Halkim, immer mit Käppi, und Besitzer Stefan Weber, lang und schlaksig. Alle sind seit Jahrzehnten in der Berliner Barszene vertraute Gesichter. Stefan Webers Liebe zu den klassischen großen Bars dieser Welt zieht sich durch das ganze Konzept, selbst die Kleidung der Barkeeper hat Stil. Das Interieur ist sensibel aufeinander abgestimmt und wirkt besonders anspruchsvoll durch die zeitgenössische Kunst an den Wänden. Auf der Cocktailkarte mischen sich Klassiker und eigene Kreationen, umso schwerer wird natürlich die Wahl. Dennoch, welchen Cocktail Sie auch wählen – er wird gut sein. Sein anfänglicher Wunsch, eine Hotelbarküche wie zur Blütezeit der amerikanischen Cocktailkultur mit Clubsandwiches und Roastbeef anzubieten, wurde seit 2006 mit Erfolg realisiert.

Victoria Bar – Potsdamer Straße 102 – Berlin-Tiergarten
T: +49 (0)30 25759977 – www.victoriabar.de

Egender
JAGDGASTHAUS

# JAGDGASTHAUS EGENDER

## ABGELEGEN • TRADITIONELL • URSPRÜNGLICH

Um Schönenbach zu erreichen, muss man eine Menge Serpentinen fahren. Das Ziel lohnt sich unbedingt: Das Jagdgasthaus Egender mit den besten und noch dazu am schönsten präsentiertesten Käsknöpfle vom Bodensee. In 4. Generation wird hier ein Jagdhaus betrieben. Die Eltern haben ein Gasthaus daraus gemacht und Mariette und Hubert Egender haben das ganze Haus auf den Punkt, schlicht und stimmig renoviert: Das heißt, die alten Hölzer wurden rausgerissen und alle blank gebürstet. Das Haus riecht für Neuankömmlinge wie ein sanfter Fichtenaufguss in der Sauna und ist Tradition pur, jedoch in einer absolut wunderbaren Art und Weise: Die Zimmer sind einfach, aber so herrlich alpin. Rundherum sind Almhütten, die man im Sommer auch mieten kann, wenn man ein unkompliziertes Leben liebt: Feuer machen, Quellwasser und im Bach baden! Das Restaurant ist dementsprechend: Die Karte ist simpel, traditionell und toll: Die Besitzerin sagt, zu 90 Prozent werden Käsespätzle (Schönbacher Käsknöpfle) und Wildragout mit Knöpfle und Blaukraut bestellt. Eine Spezialität sind die Riebelknödel mit Beerenragout, ein Geheimrezept der Familie (das Einzige was wir wissen, ist, dass Grießmehl drinnen ist – was wir aber sicher sagen können: „to die for“!). Die bekommt man nur hier. Natürlich kann man ausgezeichnet wandern und eintauchen in eine Naturlandschaft, die ursprünglich und wunderschön ist.

Jagdgasthaus Egender – Schönenbach 342 – Bezau
T: +43 (0)664 2440447 – www.jagdgasthaus-egender.at

»Das Jagdgasthaus Egender hat die besten und noch dazu am schönsten präsentiertesten Käsknöpfle vom Bodensee.«

„Die Wollwürste mit Bratensoße sind ein Klassiker, ebenso der Steckerlfisch aus dem Chiemsee.“

# HIRZINGER

➳ TRADITIONELL • GEMÜTLICH • ZÜNFTIG

Dieser Gasthof ist ein Traditionsbetrieb, wie es ihn nur selten gibt. Denn die Geschichte des Hirzinger geht unglaubliche 22 Generationen bis 1477 zurück. Damals tauchte er als „Wirth von Selhueben" zum ersten Mal in den Registern auf und war mehrere Jahrhunderte lang auch Poststation. Nie wurde der Gasthof verkauft, immer vererbt, und heute führt Lenzi Hirzinger ihn mit Leidenschaft und hat ihn auch kräftig ausgebaut. Neben der hauseigenen Fleischerei, aus der die Wurstwaren und viele andere Fleischspezialitäten des Hirzingers kommen, finden dort Volksmusik-Aufzeichnungen fürs Fernsehen statt, ein kleines Hotel ist hinzugekommen und ein großer gläserner Anbau. Und deswegen ist es dort immer voll – mit Einheimischen, Touristen und Modeleuten von Marc O'Polo, deren Zentrale in Stephanskirchen liegt. Reservieren empfiehlt sich, und fragen Sie dabei nach einem Platz in der alten Gaststube, dort ist es gemütlicher und authentischer als im neuen Teil. Im Sommer hingegen ist es im Biergarten besonders schön. Die Wollwürste mit Bratensoße sind ein Klassiker, ebenso der Steckerlfisch aus dem Chiemsee und der Kaiserschmarren, der innen fluffig und außen herrlich kross und auch nicht so süß ist und mit Apfel- oder Zwetschgenmus serviert wird. Probieren Sie auch unbedingt das Hirzinger Weißbier, das mit mehr Hefe als sonst üblich gebraut ist, in der Flasche gegärt und naturtrüb. Es ist herber und „macht schöner", wie der Hirzinger sagt – und vor allem hat es einen ganz eigenen Geschmack, der an Banane erinnert.

Hirzinger – Endorfer Straße 13 – Söllhuben
T: +49 (0)8036 1266 – www.hirzinger.eu

MCMXCVI
MEHL

# DAS MEHL

LEIDENSCHAFTLICH • LÄSSIG • KOSMOPOLITISCH

Das Mehl ist Leidenschaft, Lennert Wendt, Gründer und Betreiber, auch. Er macht aus Liebe und Mehl einen Teig, nein eine Idee, und verbindet alles, was in ihr steckt – die Sehnsucht auf etwas, was er in seiner Stadt bisher vermisste: Essen mit Liebe zu verbinden. In unserem Gespräch streicht er behutsam über das uralte Nudelholz seiner Großmutter, es ist ein Maskottchen und symbolisiert seine Wurzeln.
Es brauchte Mut und Vision, die Location in Ottensen, im Hof des Thalia Theaters, wiederzubeleben und ein Konzept in dieser Größe umzusetzen. Doch als ehemaliger Werber hat er ein unfehlbares Gefühl für Details, Design und das Marketing. Das Interieur ist eine Mischung aus modernem, eigenem Design wie den klaren Sichtbetontischen und alten Industrieobjekten, die Lennert überall zusammengetragen hat. Und wie bestellt man seine Pizza? Am besten vergessen Sie erst einmal alles, was Sie je über Pizza wussten. Sie bekommen eine hübsche Postkarte zum ankreuzen, da wählen Sie eine Basis aus den unterschiedlichsten Mehlen und den wildesten Zutaten. Abends kommt zum Mehl noch der Gin dazu. Die Barkeeper mixen gute Drinks, sind spezialisiert auf Gin, und Lady DJ am Pult spielt die passende Musik. So ist die Stimmung einfach lässig kosmopolitisch, ein Raum für Kommunikation unter Freunden. Die Pizza ist übrigens köstlich, die Drinks sind der Hammer.

Das Mehl – Gaußstraße 190/Thalia Theater Hof – Hamburg-Ottensen
T: +49 (0)40 73449969 – www.dasmehl.com

„Am besten vergessen
Sie erst einmal alles, was Sie
je über Pizza wussten.“

»Der Kaisergarten macht einfach jeden glücklich!«

# KAISERGARTEN

UNVERGESSLICH • LÄSSIG • LEBENDIG

Dieses Schnitzel werden Sie nie wieder vergessen, versprochen! Butterig knusprig und gleichzeitig saftig. Der Koch hat ja auch den 2. Platz im deutschen Schnitzelwettbewerb gewonnen. Anschließend sollten Sie noch Platz für den Kaiserschmarrn lassen, auch der ist unvergesslich köstlich, serviert in einer kleinen Eisenpfanne mit Apfelmus im Weckglas. Alles in allem ein Traum aus Omas Berghütte, doch Sie sitzen im Kaisergarten – einem lichtdurchfluteten Gasthof im Tante-Emma-Laden-Ambiente mitten in Schwabing. Im Sommer können Sie in dem kleinen Biergarten unter den Kastanien sitzen, da schmeckt das Schnitzel mit einem kühlen Weißbier dann noch mal besser. Der Service ist gut gelaunt, freundlich, aber lässig – eine perfekte Kombination, die sich auch in dem gemischten Publikum widerspiegelt. Abends ist es hier knackevoll, mittags kann man auch spontan kommen, da trudelt gerne mal die feine ältere Dame aus der Nachbarschaft für ihr Mittagessen ein. Fassen wir es zusammen: Der Kaisergarten macht einfach jeden glücklich!

Kaisergarten – Kaiserstraße 34 – München-Schwabing
T: +49 (0)89 34020203 – www.kaisergarten.com

# THERESA GRILL

➳ KOSMOPOLITISCH · ANGESAGT · HAUSGEMACHT

Nur ein paar Schritte von der Universität und dem Kunstareal entfernt, treffen sich die Geschäftsmänner zum Business-Lunch, das verliebte Pärchen zum schicken Abendessen und die Kreativen zum Kegeln. Die kosmopolitische Speisekarte bietet hausgemachte Ravioli, Steaks, Austern und Bio-Burger. Der Schatz des Theresas ist natürlich der Buchenholzkohlegrill, auf dem die Fleischspezialitäten coram publico gegrillt werden. Ein Hauch von Landhaus-Charme liegt in der Luft, das gut aussehende Publikum sitzt an langen Holztafeln oder an kleinen Tischen mit weißen Tischtüchern. Die Bedienungen tragen schlichte, weiße Blusen und im Hintergrund lodert das Feuer des Grills. Das Einzige was die gemütliche Atmosphäre unterbricht, ist das Zeitlimit für die Tischbesetzung. Doch das ist in den angesagtesten Restaurants von New York oder London nicht anders, schließlich will hier jeder mal am Tisch sitzen. Aber kein Grund zur Sorge, Sie haben mindestens 1 3/4 Stunden Zeit zum Speisen. Während der Mittagszeit ist es hingegen entspannter und auch der Mittagstisch mit kleiner Vorspeise, Hauptgericht und Dessert für 11,50 Euro ist ein Grund, schon um 12 Uhr anzutanzen. Egal ob Sie mittags oder abends kommen, werfen Sie unbedingt einen Blick in die Retro-Kegelbahn im Untergeschoss, ein absolutes Highlight für jede Privatparty oder auch einen gemütlichen Abend mit Freunden.

Theresa Grill – Theresienstraße 29 – München-Maxvorstadt
T: +49 (0)89 28803301 – www.theresa-restaurant.com

»Wer das Zeitlimit überschritten hat, zieht einfach zur Theresa Bar in den Hinterhof um.«

„
In die Buhne 16 kommt
nur, wer auch
wirklich dorthin möchte.
“

# BUHNE 16

ABGELEGEN · LÄSSIG · LOKAL

In die Buhne 16 kommt nur, wer auch wirklich dorthin möchte. Denn zu dem Strandbistro muss man ein paar Hundert Meter durch die Dünen oder über den Strand laufen. Und das ist gut so. Nirgendwo geht es so lässig wie in der Dünenkuhle zu, in der Loungemusik spielt und Fisch auf den Grill kommt, der selbst geangelt wird. Dann kann es mitunter spät in der Strandlocation werden, wo Surfer in der Schlange zur Selbstbedienungstheke schon mal auf Fernsehstars treffen, legere Hanseaten auf junge Familien und alle an den Tischen im Sand zusammenrücken. Wer in die Compilations „Buhne 16“ reinhört, die Wavemusic seit ein paar Jahren mixt, der spürt sofort den sonnigen Geist, der hier weht, durchzogen von salziger Seeluft und begleitet vom Tanzen im Sand. Immer wieder treten Bands auf, es gibt den legendären Longboard Contest, ein Osterfeuer und die schönsten Strandpartys. Die hat Gunter Sachs schon hier gefeiert, herrlich abgeschieden vom Rest der Welt. So unkompliziert wie die Atmosphäre ist auch die Karte. Neben den handgeangelten Fischen, die ein wirkliches Highlight sind, steht man für Ofenkartoffeln, Salate, Currywurst oder Heringstopf an. Bis 12 Uhr wird Frühstück angeboten, nachmittags Kuchen. Den hat gerade einer der Gäste verputzt und ruft der Bedienung „bis morgen dann“ zu, denn zur Buhne 16 kommt man immer wieder zurück.

Buhne 16 – Listlandstraße 133b – Kampen
T: +49 (0)4651 446827 – www.buhne16.de

„Wenn Madame Brothier von den goldenen Zeiten erzählt und wie die Künstler bei ihr ein und ausgingen, strahlen ihre Augen."

# LES ARCADES

➵ LEGENDÄR • HAUSGEMACHT • LÄNDLICH

Mimi Brothier eröffnete mit 19 Jahren in dem malerischen Ort Biot, der vor allem bekannt für seine Handwerkskunst ist, ihren Tabakladen. Kein Geringerer als Pablo Picasso kam eines Tages zur Tür herein, bestellte einen Pastis und fertigte nebenbei eine kleine Zeichnung von Madame Brothier an, die er ihr anschließend mit den Worten „C'est vous, mademoiselle" zeigte. Wenn Madame Brothier von den goldenen Zeiten erzählt und wie die Künstler bei ihr ein und ausgingen, bekommen ihre Augen noch immer ein Strahlen. Ein halbes Jahrhundert später ist der Tabakladen zu einem Restaurant mit zwölf Zimmern gewachsen, den Tabak, ein Relikt vergangener Zeiten, kann man immer noch an der Durchreiche neben der Bar bekommen. Mit hausgemachten Ravioli, Salade Niçoise, Soupe au Pistou gibt es hier allerbeste Landküche, die sich am schönsten bei einem kühlen Rosé unter der Arkaden-Terrasse und mitten im Dorftreiben genießen lässt. Legendär sind die Antipasti von Mimi Brothier, die mit dem Kochlöffel ihr Orchester dirigiert, kritisch aus dem dampfenden Suppentopf kostet, lächelt und schon wieder verschwunden ist. Werfen Sie unbedingt auch einen Blick in ihre Galerie, die tunnelartig in das Kellergewölbe führt und mit einer beeindruckenden Sammlung von Gemälden und Skulpturen Kunstkenner in Staunen versetzt.

Les Arcades – 16, Place des Arcades – Biot
T: +33(0)4 93650104 – www.hotel-restaurant-les-arcades.com

„Dominique fährt morgens mit seinem alten Fahrrad auf den Markt, um die besten und frischesten Zutaten für seine Gerichte einzukaufen."

# LA MERENDA

REGIONAL · ATMOSPHÄRISCH · FAMILIÄR

Dominique Le Stanc war lange Küchenchef im noblen Le Negresco. Nun kocht er seit ein paar Jahren in seinem eigenen kleinen Restaurant köstliche regionale Gerichte. Vielleicht ist es diese bewusste Entscheidung zur Abkehr vom großen Pomp der Starrestaurants, die diesem Ort etwas Bedeutsames verleiht. Es ist die Reduktion auf das Wesentliche, auf überliefertes Wissen um Traditionen und Savoirfaire. So sind es die immer gleichen regionaltypischen Gerichte, die Dominique Le Stanc in seiner kaum vier Quadratmeter großen offenen Küche zubereitet: Pissaladière, ein köstlicher Zwiebelkuchen mit Sardellen und Oliven, frittierte Zucchiniblüten, gefüllte Sardinen, Kutteln oder Stockfisch, begleitet von einem Rot-, Weiß- oder Roséwein aus der Region. Die Gäste kommen ganz gezielt wegen eines bestimmten Gerichts, das sie immer wieder essen möchten, sagt er. Aber sie kommen wohl auch wegen der ganz besonderen Atmosphäre – es ist ein winziger Kosmos, dieses La Merenda: Einer kümmert sich ums Grobe, einer bedient, und der Chef kocht. Und fährt morgens mit seinem alten Fahrrad auf den Markt, um die besten und frischesten Zutaten für seine Gerichte einzukaufen. Dieses Restaurant strahlt etwas großes Weises und Souveränes aus, auch das ein Grund, weshalb die elf Tische sowohl mittags als auch abends immer besetzt sind. Dass es kein Telefon gibt und keine Kreditkarten akzeptiert werden, versteht sich fast von selbst.

La Merenda – 4, Rue Raoul Bosio – Nizza
www.lamerenda.net

» Der schwarze Sesamhimbeer-
kuchen geistert
noch lange als wohliges
Gefühl umher. «

# NANASHI

➳ INTERNATIONAL · INSPIRIEREND · MODERN

Ein bisschen fühlt es sich hier an, als wäre man wieder in der Schule mit den einfachen Holzstühlen und -tischen, die hinter- und nebeneinander wie in einem Klassenzimmer aufgestellt sind, und der großen Wandtafel, auf der mit bunter Kreide die Gerichte aufgeschrieben stehen. Die sind japanisch mit französischem Einschlag, Bentoboxen, Brioche-Pizza, Reisgerichte sowie frisch gepresste Gemüsesäfte.
Alle Produkte kommen aus biologischem Anbau. Besonders zu empfehlen: Reis mit frischem Lachs oder hauchzartem rosa Beef in Teriyaki-Soße. Das Dessert, eine 1-A-Kombi aus Sesampudding und fluffigem Pistazienkuchen, sollte man sich auf keinen Fall entgehen lassen. Auch der schwarze Sesamhimbeerkuchen geistert noch lange als wohliges Gefühl umher. Das Publikum ist international und inspirierend, Paris von seiner offensten Seite.

Nanashi – 57, rue Charlot – Paris – 3. Arrondissement
T: +33 (0)9 60002559 – www.nanashi.fr

# BRUNO

## GÖTTLICH · HANDGEMACHT · ENTSPANNT

Der Olymp für Trüffelliebhaber! Und auf ihm thront Clément Bruno höchstpersönlich. Wie der Don Corleone des Trüffels sitzt er im Schatten seines Restaurants und hat fest im Blick, wie ein Heer von Kellnern die Gäste verwöhnt. Auf der sonnenbesprenkelten Terrasse des Familienbesitzes mit Statuen und Trompe-l'oeil bemalten Wänden serviert es Köstlichkeiten, bei denen die divines tubercules, die göttlichen Knollen, die Hauptrolle spielen. Die 6-gängigen Menüs berechnen sich nach der Art des Trüffels, kosten zwischen 65 Euro mit dem truffe fraîche tuber aestivum und 200 Euro mit dem legendären Alba Trüffel. Köstlich der Aperitif aus Roséwein und Grapefruitsaft und das Amuse-Gueule aus geröstetem Weißbrot mit Olivenöl und geriebenem Trüffel. Es folgen eine Champignonsuppe mit Foie Gras und Trüffeln, handgemachte Fettuccini mit Alba Trüffel, Täubchen-Pastete (natürlich mit Trüffeln) oder wahlweise zartes Rinderfilet mit Steinpilz- und Trüffelgarnitur. All das isst man mit Silberbesteck mit Trüffel-Gravur verziert auf Tellern mit Trüffel-Dekor. Im Hintergrund untermalt ein plätschernder Brunnen das Treiben, während man im herrlichsten Licht ganz entspannt und stundenlang sitzt und gar nicht genug bekommen kann. Wer sich völlig der Trüffelei ergeben möchte, der kann eines der fünf Zimmer bei Bruno mieten, die direkt beim Restaurant liegen.

Bruno – Campagne Mariette – 2345, route des Arcs – Lorgues
T: +33 (0)4 94859393 – www.restaurantbruno.com

„Bruno ist der Olymp für Trüffelliebhaber!"

# CHÂTEAU LA COSTE

MEDITERRAN • INSPIRIEREND • MODERN

Mediterraner Lebensstil, blühende Lavendelfelder, kleine Dörfer und tolle Weingüter – das ist die Provence. Die irische Investorenfamilie McKillen hat auf dem Château La Coste inmitten von Olivenhainen und Mandelbäumen nicht nur eines der renommiertesten Weingüter der Gegend geschaffen, sondern auch ein Zentrum für moderne Kunst. Schon von weitem sieht man die futuristischen Gewölbe des Château La Coste, die von Stararchitekt Tadao Ando entworfen wurden und deren Aluminium sich in den Sonnenstrahlen spiegeln. Hier treffen hervorragender Wein und leckere Speisen auf außergewöhnliche Architektur und Kunst. Namhafte Künstler und Architekten wie Jean Nouvel, Norman Foster, Tom Shannon, Louise Bourgeois oder Frank Gehry haben sich auf dem Gut mit eindrucksvollen, architektonischen Meisterwerken verewigt. Doch auch die biologisch angebauten Weine, insbesondere der Rosè, kommen hier nicht zu kurz und können in all ihren Facetten genossen werden, ob bei einem zweistündigen Spaziergang durch den Skulpturengarten oder bei einem stimmungsvollen Dinner im Restaurant mit extravaganten Speisen. Das Château La Coste ist ein Ort, der Inspiration und Genuss verbindet und den mediterranen Lebensstil in Perfektion vorlebt.

Château La Coste – 750 Route De La Cride – Le Puy-Sainte-Réparade
T: +33 4 42 61 92 90 – www.chateau-la-coste.com

„Hier treffen hervorragender Wein und leckere Speisen auf außergewöhnliche Architektur und Kunst."

# LE JARDIN DU QUAI

LAUSCHIG · WOHLIG · UNPRÄTENTIÖS

Unter alten Kastanien, Sonnenschirmen und Strohdächern, an wunderschönen Steintischen und grünen Bistroklassikern nimmt man bei Chefkoch Daniel Hébet Platz – und wird von einem unermüdlich herumeilenden Heer von Kellnern verwöhnt. Mit einem Menü (40 Euro), das jeden Tag wechselt und leicht und köstlich ist: Auf wunderbar cremiges Risotto mit Steinpilzen, Sauerampfer und Wildsalat folgt Kabeljau-Filet mit Selleriebutter, lilafarbenem Mini-Blumenkohl, Koriander und danach Mascarpone-Mousse mit frischen Früchten. Dazu Domaine Le Pive Gris Rosé, VdP des Sables 2009, den die Kellnerin als „sehr feminin" empfiehlt. Durch den verwinkelten Garten schwirrt glückliches Stimmengewirr, die Sonne blinzelt durch die grünen Blätter und dabei geht es herrlich unprätentiös zu. Ein besonders lauschiges Plätzchen ist der „Honeymoon-Tisch", der grün umrankt, romantische abgeschiedene Zweisamkeit bietet. Le Jardin du Quai ist der Ort, an dem man an Flohmarkttagen in aller Ruhe und wunderbar ausgiebig zu Mittag oder Abend isst. Deshalb sollte man unbedingt reservieren. Nach dem Dessert fühlt man sich so glücklich und entspannt wie das Maskottchen des Restaurants, die betagte Labradorhündin Tina, die wohlig dösend im Schatten unter einem der Oleanderbäumchen liegt.

Le Jardin du Quai – 91, avenue Julien Guigne – L'Isle-sur- la-Sorgue
T:+33(0)490201498 – www.danielhebet.com

„Ein besonders lauschiges Plätzchen ist der „Honeymoon-Tisch“, der grün umrankt, romantische abgeschiedene Zweisamkeit bietet.“

GODIN

# LA PETITE MAISON DE CUCURON

WILDROMANTISCH · DELIKAT · LAUSCHIG

Auch wenn Sternekoch Eric Sapet sein kleines Häuschen mit dunklem Holz, dezentem Licht und warmen Tönen perfekt ausgestattet hat, sitzt man besonders schön auf der wildromantischen Terrasse – an einem der sechs sonnenbesprenkelten Tische, unter einem wuchernden Blätterdach und Feigenbäumen, die sich über die Tische recken. Wunderbar lauschig ist es, intim und dazu surren verhalten die Geräusche des kleinen mittelalterlichen Dörfchens um einen herum: das Hämmern des Schmieds und das Schleifen des Schreiners gegenüber. Kaum dass der wunderbar leichte Rosé (Côtes du Luberon, Château La Dorgonne, 2009) in einem hölzernen Kühler auf den Tisch gestellt wird, folgt auch schon Gazpacho von junger Zucchini mit Pistou und einem kleinen Stück cremigem Ziegenkäse als Amuse-Bouche. Und das Menu de la Maison geht genauso köstlich weiter: von zarten Sardinen in frischem huile millésinées über Auberginen-Kaviar und perfekt gebratenem Angus-Beef an Kürbisgemüse, Karotten und zwei Arten Zucchini zu Mirabellenkuchen und grandiosem Käse mit Salat. Der Käse ist eine Spezialität, von der in der Provence immer wieder mit glänzenden Augen geschwärmt wird. Er stammt aus der Käserei von Josiane Déal, die den „Meilleur Ouvrier" erhielt, eine hohe Auszeichnung der französischen Regierung. Déal produziert die Käse nicht, sondern kauft vorhandene, lagert sie und verkauft ihre gereiften Köstlichkeiten in Vaison-la-Romaine. Eric Sapet ist Stammkunde.

La Petite Maison de Cucuron – Place de l'Etang – Cucuron
T: +33 (0)4 90682199 – www.lapetitemaisondecucuron.com

»Besonders schön sitzt man an einem der sechs sonnenbesprenkelten Tische, unter einem wuchernden Blätterdach.«

P
STATIONNEMENT
PAYANT
HORODATEUR
INTERDIT
LE JEUDI
ET LE DIMANCHE
DE 6 h à 15 h
DE FRANCE
Nocibé
ARTICHAUTS
3€ les 3

# CAFÉ DE FRANCE

## TRADITIONSREICH · AUTHENTISCH · UNAUFGEREGT

Hier trifft sich tout L'Isle-sur-la-Sorgue, in dem einfachen und sehr traditionsreichen Café – und mit dem besten Café Crème weit und breit. Auch dafür kehrten wir immer wieder zurück. Denn das Wort Crème ist bei diesem Kaffee Programm und die perfekte Kombination aus Stärke und Milchschaum gibt es obendrauf. Dazu können Sie sich Olivenbrötchen oder Croissants aus den Boulangerien der Umgebung mitbringen und ungestört am Cafétisch genießen. Das ist normal und hier gar kein Problem. Aber auch die Baguettes mit Jambon vom Café de France selbst sind ein Gedicht. Und die Atmosphäre sowieso. Entweder drinnen, wenn die Rentner der Stadt ihre Karten kloppen und auch gerne schon mal am frühen Nachmittag einen Roten trinken. Oder draußen unter den Bäumen, direkt an der Kirche und an manchen Tagen vom Markt umgeben. Dort verbringt der Arzt seine Mittagspause, nimmt der Besitzer des benachbarten Hotels La Maison sur la Sorgue seinen Lunch, lesen ältere Herren ihre Bücher und treffen sich Freundinnen. Ein herrlich authentischer Ort. Das fand auch der französische Fotograf Willy Ronis, der das berühmte Schwarz-Weiß-Foto von dem kleinen rennenden Jungen mit seinem Baguette unterm Arm schoss – und der 1979 auch das Café de France mit seiner herrlichen Fassade und seinem einzigartigen Publikum festhielt. Bis heute mischen sich hier Einheimische und Touristen auf ganz unaufgeregte Weise.

Café de France – 14, place de la liberté – L'Isle-sur-la-Sorgue
Tel: +33 (0)6 78667275

„Im Café de France
trifft sich tout
L'Isle-sur-la-Sorgue."

CAFE DE FRANCE
PUMA
URBAN
SPORT

HUILE D'OLIVE

# LA CHASSAGNETTE

➳ ENTSPANNT · PITTORESK · WILDROMANTISCH

Man fährt durch rauschende Felder, biegt auf einen Parkplatz, geht ein paar Schritte – und steht im Paradies: im Restaurant von Armand Arnal, dem ersten französischen Bio-Restaurant Frankreichs mit einem Stern. Die ehemalige Schäferei grenzt an einen riesigen Garten mit Obst, Gemüse und unzähligen Kräutern, in dem jeden Morgen gepflückt wird, was Arnal mittags und abends serviert. Im Sommer sitzt man auf einer lauschigen Terrasse, auf der Sprenkel von Sonnenlicht durch das Strohdach auf die langen Holztische fallen. Und während man auf das Lunchmenü wartet, kann man von dort aus seinen Blick hin zu rankenden Rosen, leuchtenden Margeriten und üppigen Quittenbäumen schweifen lassen oder einen kurzen Spaziergang machen. Die Weinkarte ist übersichtlich nach Preisen sortiert und der Rosé Coteaux Varois 2009 ist weich, fruchtig und leicht. Er passt hervorragend zu der Geflügelterrine mit schwarzen Oliven und Zitronen-Confit oder der köstlichen Meeräsche mit Muscheln, Aioli und Gemüse der Saison. Die Knoblauch-Mayonnaise ist leicht und auf den Punkt abgeschmeckt. Das Gemüse ist eine perfekte Kombination aus grünen Bohnen, roten Rübchen und vielen Kräutern. Sehr gut als Schlusspunkt: das erfrischende Blaubeersorbet. La Chassagnette ist der perfekte Platz – entspannt, pittoresk und wildromantisch. Ganz so, wie man sich schönstes provenzalisches Landleben vorstellt.

La Chassagnette – Domaine de l'Armellière – Arles-Le Sambuc
T: +33 (0)4 90972696 – www.chassagnette.fr

»

Ganz so, wie man sich
schönstes provenzalisches
Landleben vorstellt.

«

»Eine Perle von Restaurant und dazu noch ein absoluter Geheimtipp.«

# GAVALIANOS KAFENES

EINFACH · RUSTIKAL · AUTHENTISCH

Eine Perle von Restaurant und dazu noch ein absoluter Geheimtipp. Denn das reizende Dorf Gavalochori ist bislang bei den meisten Touristen unentdeckt geblieben. Monicas Lokal ist jedoch nicht zu verfehlen, denn es ist mitten auf dem Dorfplatz und hier ist immer etwas los. Die Damen treffen sich, um den neuesten Klatsch auszutauschen, eines der fünf Kinder der Besitzerin spielt im Garten und ein anderer Besucher ist in ein Buch vertieft und genießt dazu einen eiskalten Frappé. In Gavalochori ticken die Uhren noch etwas anders als in den Touristenhochburgen der Insel und keine Sorge, eine Speisekarte für jede Nationalität gibt es auch nicht – hier ist einfach nur Authentizität angesagt. Am liebsten würde man dort den ganzen Tag verbringen und das geht auch: Es gibt Frühstück, Lunch und Abendessen. Auf einer langen Tafel, die von Tisch zu Tisch getragen wird, stehen Gerichte, die alle nach originalen Rezepten und mit lokalen Zutaten zubereitet werden. Über Fava, griechischen Salat bis zu Imam, einfach eine vorzügliche, regionale Küche zu absolut fairen Preisen. Die smarte Besitzerin Monica führt ihr Lokal voller Herzblut und das macht auch die Atmosphäre zu dem, was sie ist. In einem Hauch von Oldschool-Charme, simplem und rustikalem, aber stilvollem Interieur, ohne großen Schnickschnack, kann auf der schattigen Veranda oder im blühenden Garten unter Maulbeer-Bäumen eine perfekte Sommernacht verbracht werden. Ein Lieblingsort!

Gavalianos Kafenes – Village Square – Chania-Gavalochori
T: +30 (0)28250 84004 – www.monicastaverna.com

» Bei Ntounias wird noch nach alter Schule auf dem offenen Feuer und mit Holzofen gekocht. «

# NTOUNIAS

## LÄNDLICH · IDYLLISCH · LOKAL

Bei Stelios und seiner Frau Emy wird Authentizität gelebt wie kaum woanders. Nach einer Fahrt durch die Bergwelt hinter Chania, entlang steiler Abhänge und Ziegenherden, kann in die kretische Lebensart eingetaucht werden. Erst einmal angekommen, steigt einem der heimelige Geruch von Feuer in die Nase. Stelios bringt seine Gäste direkt an den Ofen und öffnet einen dampfenden Terracotta-Topf nach dem anderen. Bestellt wird in der Küche, denn eine Speisekarte gibt es nicht. Bei Ntounias wird noch nach alter Schule auf dem offenen Feuer und mit Holzofen gekocht. Fernab von Moussaka und Souvlaki, gibt es frisch gebackenes Brot, Bohnen mit Speck, Fleisch vom Zicklein und Eintopf mit Kartoffeln, Tomaten und Kastanien. „Vegan, vegetarian or everything?“, fragt Stelios seine Gäste und drückt direkt den ersten Teller zum Probieren in die Hand. In ländlicher Idylle sitzt man unter Bäumen im Freien mit Blick auf die Gärten rund ums Haus und lässt den Dingen ihren Lauf. Immer wieder kommt der Koch aus der Küche in den Garten, um frische Kräuter zu pflücken. Die ehrliche Landwirtschaft und gute regionale Küche steht auf der Slow Food Farm im Vordergrund und ist ein absolut lohnenswerter Ausflug. Am besten kehren Sie zum Mittagessen ein und lassen sich im Anschluss noch den Weinkeller von Stelios zeigen, in den Weinfässern steckt sein ganzer Stolz.

Ntounias – Chania-Drakona-Keramia
T: +30 (0)28210 65083 – www.ntounias.gr

# TAVERNA BOGAZI

ATMOSPHÄRISCH • TRADITIONELL • LOKAL

Am besten fährt man zu Gabis Restaurant schon am späten Nachmittag, schlendert noch ein bisschen durch den Ort Mochlos und nimmt pünktlich mit der Abendsonne an einem der Tische direkt am Wasser Platz, genießt den Sonnenuntergang, das Rauschen der Wellen und lässt sich kulinarisch verwöhnen. Sonntags gibt es noch eine Besonderheit: eine Live Band. Vor 21 Jahren ist die Schweizerin auf die Insel gekommen und führt seitdem mit viel Liebe und hervorragenden Kochkünsten die Taverne, die ein Paradies für alle Fischliebhaber ist. Jeden Morgen fährt Fischer Stravos mit seinem Boot raus und abends werden seine Meeresfänge aus dem Netz auf den Tellern der Gäste serviert. Besonders die Fischsuppe mit dem zitronigen Aroma hat es den Stammgästen angetan – sie ist hier ein absolutes Muss. Auch die vielen Antipasti, wie Zucchinibällchen, hausgemachte marinierte Sardinen oder das Bittergemüse, sind zu empfehlen. Halten Sie unbedingt Ausschau nach einer Schale mit knallroten Tomaten, die im Restaurant steht und probieren Sie davon, denn das sind mit Sicherheit die aromatischsten Tomaten, die Sie jemals gegessen haben. Der Hauskuchen – nach dem Geheimrezept der Großmutter – ist der krönende Abschluss. Hier zeigt sich die griechische Küche wirklich von der allerbesten Seite und dazu noch in Bilderbuch-Ambiente direkt am Meer. Wer nach dem Abend nicht genug von Gabis Küche bekommen hat, kann am nächsten Morgen wiederkommen, denn ab 9.00 Uhr gibt es Frühstück.

Taverna Bogazi – Mochlos – Sitia – direkt an der Meerpromenade
T: +30 (0)28430 94200

TAVERNA
BOGAZI
Το Μπογάζι
MANOLIS & GABY
MOCHLOS

"Der Hauskuchen – nach dem Geheimrezept der Großmutter – ist der krönende Abschluss."

# THE DEVONPORT INN

GEMÜTLICH • PERSÖNLICH • VERSTECKT

„Liebe Gäste, wenn Ihr Eure Drinks mit an den Strand nehmen wollt, fragt uns einfach nach Plastikbechern", steht auf einem Schild neben der Bar. Schließlich schlagen die Wellen direkt vor dem Restaurant an die Kaimauer. Doch man kann sich gar nicht entscheiden, wo man eigentlich sitzen will. In der gemütlichen Stube in hellem Holz gehalten, mit einer Kreidetafel mit den Specials des Tages, auf den Stühlen vor der Tür oder an den Stehtischen direkt am Geländer am Meer. Jerome Leopold, der das Restaurant mit seiner Frau Dawn 2010 aus seinem Dornröschenschlaf geweckt hat, geht selber fischen und serviert andere Köstlichkeiten dazu. Eine perfekte Kombination sind die Miesmuscheln mit Koriander, dazu dicke goldene Chips, ganz down to earth und einfach köstlich und als Beilage dicke Bohnen und Erbsen, nur mit Butter und mit viel eigenem Aroma serviert. Herrlich cremig ist das Erbsen- und Kräuter-risotto mit Trüffelöl und schön frisch der Krabbensalat. Drauf folgt ein Sticky Toffee Pudding mit Cornish Clotted Cream, eine cremige, weich zerfließende und herrliche Sünde. Im Devonport Inn treffen sich Urlauber und Anwohner, man kennt sich, hält einen Schwatz, aber lässt jeden in Ruhe, der einfach das gute Essen und den Blick aufs Meer genießen möchte. Während die Sonne untergeht und ein einsamer Schwimmer weit draußen im Meer seine Bahnen zieht, versteht man, warum diese Ecke Cornwalls The Forgotten Corner genannt wird und möchte, dass es auf jeden Fall so bleibt.

The Devonport Inn – The Cleave – Kingsand
T: +44 (0)1752 822869 – www.devonportinn.com

- Cornishman's: Cornish Pasty and Pint of Real Ale £6.10
- Coarse Country Pate with Homemade Chutney & Toast £6
- Fresh Pea, Herb and Parmesan Risotto with Truffle Oil £11
- Soup of the Day: White Onion and Cider £5
- Home Smoked Kippers with Cornish New Potato Salad £6.50
- Pave of Warm, Home Smoked Salmon with Horseradish Cream & Granary Bread £7
- Fresh Fowey Mussels with a Coriander, Lemongrass, Ginger and Garlic Sauce and Fresh Bread £5.50
or as a main course with Beef Dripping Chips £12
- Cumberland Sausages with Mashed Potato and Onion Gravy £10
- Half Pint of King Prawns with Lemon Mayonnaise & Granary Bread £7
- Grilled St Anthony's Goat's Cheese on Toast, Fresh Salad £7
- Grilled Looe Scallops with a Lemon and Herb Crust £7 or as a Main with New Potatoes £15
Sandwiches: Choice of Roast Beef and Horseradish £6
Cheddar Cheese and Chutney £5
Smoked Salmon and Horseradish
Ham & Wholegrain Mustard £5
Side Dishes: Beef Dripping Chips, Side Salad, New Potatoes, Mashed Potatoes, Seasonal Vegetables
All £2
Fresh Bread £1.50
Today's Specials:-
- Fresh Local Rock Oysters 6 £7.80, 9 £11.70 or 12 £15.60
- Fresh, Dressed Rame Head Crab with Salad, New Potatoes, Brown Bread and Homemade Mayo £13.50
- Whole Grilled Plaice Served Either Plain or with a Caper Butter, Chips or New Potatoes £14.50

Ginger Beer

„Im Devonport Inn kennt man sich, hält einen Schwatz oder genießt einfach das gute Essen und den Blick aufs Meer."

apéritif
magnums (1½ litres)
white
roquefort 'les genets' 2003, provence 79.00
malandes 'fourchaume' 2008, chablis 115.75
red
'le clos', cotes du roussillon 61.00
matrot blagny 1er cru, meursault 245.00
chateau du beaucastel, chateauneuf-du-pape 354.50
bag in box wine to take away (3 litres)
st john rouge 2012, chateau lascaux 28.50
st john pic st. loup 2012, ch lascaux 28.50
(sauvignon blanc, roussanne)
st john picpoul de pinet 2012, montagnac 29.75

# ST. JOHN BREAD & WINE

➳ SAISONAL • EINFACH • OFFEN

Mittlerweile ist es nicht mehr ganz einfach im St. John einen Platz zu bekommen. In dem Ableger St. John Bread & Wine gegenüber dem Spitalsfield Market klappt es dagegen immer. Der große Raum mit offener Küche ist eine Mischung aus Bistro und Restaurant. Man kann mit dem Frühstück beginnen und sich dann über das Mittagessen bis zum Abend genüsslich durch das saisonale Angebot futtern. Ab 12.00 Uhr gibt es eine kleine Karte mit warmen oder kalten Gerichten, Fleisch, Gemüse, Fisch, Suppen, Räucherwaren und köstlichen Desserts. Alles typisch St. John – einfach und unnachahmlich gut. Die Gerichte werden wie Tapas auf kleinen Tellern serviert, die man sich sehr gut teilen kann. „Ziel des St. John Bread & Wine ist ein Feeling zu kreieren wie im Cal Pep, einer legendären Tapas Bar in Barcelona", sagt Trevor Gulliver. Tipp: Das selbst gebackene Brot können Sie mitnehmen, genauso wie die köstlichen ofenwarmen Madeleines, die so gut sind, dass man sie auf dem Heimweg meist schon verzehrt.

St. John Bread & Wine – 94-96 Commercial Street – London-Spitalfields
T: +44 (0)20 72510848 – www.stjohnbreadandwine.com

BAKERY
on the counter
eccles cakes
chocolate brownies
seed cake
granola
TODAY'S DOUGHNUTS
CUSTARD
cook books
nose to tail eating 17.99
beyond nose to tail 17.99
complete nose to tail 30.00
tote bags/t shirts

St. JOHN

„Die Gerichte werden wie Tapas auf kleinen Tellern serviert.“

# FERNANDEZ & WELLS

## HIMMLISCH • VERLOCKEND • ESSENTIELL

Fernandez & Wells ist eine Glücksmanufaktur für Anspruchsvolle. Egal ob Kaffee, Salate, Sandwiches oder Kuchen – alle haben eines gemeinsam, sie sind aus den bestmöglichen Produkten von Mister Fernandez zusammengetragen. Die Urkompetenz kommt aus dem Kaffee, der zu den besten in London zählt. Er ist ein Meisterwerk und aus seinen erstklassigen Kaffeebohnen, die in Birmingham geröstet werden, wird der Kultkaffee der Kaffeemaschine Senseo hergestellt. Dem Kaffee stehen die Sandwiches in nichts nach. Wunderschön und verlockend stapeln sich saftige Paninis mit gegrillter Paprika, Roastbeef und Ziegenkäse und die Montgomery's Cheddar Toaste, die „Favoriten im Stall", auf dem Tresen. Der Toast ist aus „Poilane" Sauerteigbrot und der Montgomery's Cheddar wird mit etwas Speck und Zwiebeln verfeinert. Es schmeckt himmlisch, nur dass es aus dem Grill um ein Vielfaches komprimiert und wesentlich kleiner wieder auftaucht, ist ein kleiner Schock! Zum Nachmittag oder Frühstück backt eine Frau aus der Nachbarschaft nach Rezepten von Fernandez & Wells Kuchen und Powerriegel und wer frische Vitamine vorzieht, kann sich für die ausgefeilten Salate entscheiden. Die Zukunft sollte so aussehen, dass es Fernandez & Wells in jedem Viertel der Welt gibt, um auf höchstem Niveau uns das zu geben, was wir alle täglich brauchen.

Fernandez & Wells – 73 Beak Street – London-Soho
T: +44 (0)20 72878124 – www.fernandezandwells.com

”

Fernandez & Wells
ist eine Glücksmanufaktur
für Anspruchsvolle.

“

„Das Frühstück wird jedem Wunsch urbaner Exzentrik gerecht."

# ALBION

➵ MODERN · SYMPATHISCH · ÜPPIG

Im Albion Cafe mit integriertem Deli trifft sich die Nachbarschaft aus den Agenturen, Läden und Wohnungen an großen Tischen zum Frühstück oder mittags zum Lunch. Das Frühstück wird jedem Wunsch urbaner Exzentrik gerecht. Ob der preisgekrönte Jogurt aus Devon, das Porridge mit getrockneten Pflaumen, ein üppig Englisches Frühstück oder "Eggs Benedict", alles ist auf den Punkt und dazu tasty präsentiert. Die Eiergerichte und das Brot haben in London mittlerweile Kultstatus erreicht. Am Nachmittag kann man creamy afternoon tea mit Scones und clotted cream genießen (15.00 – 17.30 Uhr). Die Lage im Herzen des trendigen Stadtteils Shoreditch ist der perfekte Ausgangspunkt für einen Shopping-Bummel durch das Viertel und die Terrasse lädt ein zu einem erfrischenden Aperitivo. Vom Deli führt eine kleine Tür zum Boundary Hotel, einem zukunftsweisenden Vorreiter für ein sympathisches frisches Hotelkonzept mit perfekt ausgestatteten Zimmern und schlanker Lobby – ganz praktisch, wenn man das Albion gar nicht mehr verlassen will.

Albion – Boundary Street 2 – London-Shoreditch
Tel: +44 20 77291051 – www.albioncaff.co.uk

Bottle Beers
PITFIELD
LONDON 1850 PORTER 5%
ECO WARRIOR 4.5%
RED ALE 4.1%
LIGHT ALE
ST PETERS
ALE
STROUD
BUDDING PALE ALE 4.5%
MARIS OTTER 7.5%
KERNEL
PORTER
PALE ALE
REIDENBURGER
WHEAT BEER 5.2%
FREEDOM
LAGER 4.8%
ROTHAUS
ALCOHOL FREE LAGER
ELDERFLOWER
BELLINI
DAMSON
SUMMER
STAFF RECOMMENDATION
TRY OUR NEW
GIBSON ORGANIC
LIQUEURS
ELDERFLOWER
BLACKCURRANT
RASPBERRY
Draught Beers
24.10
FREEDOM "ORGANIC LAGER"
DUNKERTONS "ORGANIC CIDER"
WINDSOR + ETON - REPUBLIKA PILSNER
FREEDOM ORGANIC DARK LAGER
Kernal Table Beer
On the pumps
WINDSOR + ETON - CANBERRA - AUTUMN ALE.
KITTY WILKINSON STOUT - 4.5
(LIVERPOOL ORGANIC).
St Peters Best Bitter 4.1
Eton Boatman 4.3
Next up
AVAILABLE IN PINT SIZE, TWO-THIRDS OR
HALF PINT SIZE.
£75
£50

# THE DUKE OF CAMBRIDGE

➳ CHARMANT · ORGANIC · GEMÜTLICH

Seit 15 Jahren gibt es das Pub The Duke of Cambridge in dem schönen blauen Eckhaus in Islington. Es ist immer gut besucht und ein großer Erfolg, obwohl oder gerade weil sich der Pub auf die Fahne geschrieben hat, strikt nach biologischen Maßstäben zu bewirten. Zum Beispiel wird ausschließlich Fisch serviert, der aus britischen Gewässern kommt und auf nachhaltige Art gefangen wurde. Seit Kurzem hat sich das Pub mit der Riverford-Farm zusammengetan, die auch ausschließlich organisch wirtschaftet und für ihre Farmershops und Gemüseboxen bekannt ist. Es ist Großbritanniens erstes und einziges Gastropub mit einer Organic Licence. Die Einrichtung ist ein charmanter Mix aus alten Stühlen, weißgetünchten Wänden und Kerzenschein. Im vorderen Raum befindet sich die Bar, die besonders an Freitag- und Samstagabenden mit Leuten aus der Nachbarschaft gefüllt ist. Dahinter liegt der etwas elegantere Speiseraum mit Backsteinwänden, einer offenen leuchtend blauen Holzbar und einem großen Deckenfenster. Auf einer Tafel ist das Menü des Tages angeschrieben. Zum Beispiel: Fischsuppe mit Muscheln und Aioli, warmer Salat mit Feta, Kalamata-Oliven und eingelegter Zitrone oder ein Hammel, Pilz, Rotwein-Stew. Es ist ein richtig schöner Nachbarschaftspub, mit dem fantastischen Extra, dass alles organic ist.

The Duke of Cambridge – 30 St Peters Street – London-Islington
T: +44 (0)20 73593066 – www.sloeberry.co.uk

SOIL ASSOCIATION ORGANIC
BRR...
TAKE THE
CHILLIES,
HOME
+ ENTER OUR
CHILLI
CHALLENGE -
WIN DINNER
FOR 4!
@RIVERFORD
We're having a lick of paint
Business as usual on SATURDAY 1ST NOVEMBER
@dukeorganic

»

Es ist Großbritanniens erstes und einziges Gastropub mit einer Organic Licence.

«

”

Eine Kulisse mit der kleinen Kirche und den Fischerbötchen, wie im schönsten italienischen Film.“

“

# DA EMILIA

➳ EINFACH · FAMILIÄR · UNPRÄTENTIÖS

Zwischendurch beschleicht einen das Gefühl, dass gleich das Filmteam kommt, das azurblaue Meer ablässt, das sanft an den Marina Grande plätschert, an dem direkt da Emilia liegt, und dass es die Kulisse mit der kleinen Kirche und den Fischerbötchen beiseite schiebt, die wie im schönsten italienischen Film aussieht. Ganz so wie in „Pane Amore e ...“, in dem Sophia Loren hier 1955 an der Seite von Vittorio de Sica, in knappen Shorts, taillierter Bluse und kleinem Strohhütchen auf dem Kopf, ihre Karriere begann. Direkt bei der Trattoria, in der bis vor kurzem noch die Großmutter Emilia mit in der Küche stand. Ein Klassiker sind die frittierten Oktopoden, die nicht mehr brauchen als die Zitrone, mit der sie serviert werden, leckere Hausmannskost die mit Ricotta gefüllten Ravioli. Dazu gibt es schlichten Hauswein für gerade mal vier Euro die Karaffe – und eine Atmosphäre, die unschlagbar italiano ist. Nebenan an der Kaimauer liegt die Bar Nonna Emilia mit Eis aus der Kühltruhe, und ein paar Holzstühlen, die direkt am Wasser stehen und wo man unprätentiös einen Sundowner nehmen kann. Wohnt man im Hotel La Minervetta, sollte man nach dem Schlüssel zur Privattreppe fragen und die 400 Stufen den Berg hinunter direkt in die Bucht gehen (und bei Bedarf mit dem Taxi zurückfahren).

Trattoria da Emilia – Via Marina Grande, 62 – Sorrento
Tel: +39 (0)81 8072720

„Zum krönenden Abschluss gehört der Besuch im La Stanza delle Tentazioni."

# IL RICCIO

MEDITERRAN • MODERN • KOSMOPOLITISCH

Nahe der Blauen Grotte liegt dieses Sternerestaurant mit Beachclub, das der Architekt Marco de Luca einrichtete. Wie auch in seinem La Minervetta in Sorrento weht hier Mittelmeer-Charme durch die offenen Räume. Wie die neuen Besitzer es sich wünschten, ist das Riccio die moderne Reminiszenz an die sonnenbeschienene Nonchalance des Restaurants Add'o Riccio, in dem in den Sixties hier Jetset-Gäste wie Jackie Kennedy aßen. Anstatt à la Carte zu essen, kann man sich das Lunchmenü gönnen oder teilen, was gar kein Problem ist. Fünf Gänge mit der besten Tomatengazpacho mit süßer Paprika und rohen Garnelen, einer so fein gewürzten Fischsuppe, dass man gar nicht genug davon bekommen kann, Pasta mit Seeigel, die wunderbar nach Meer schmeckt – und dazu einen frisch-fruchtigen Weißwein Marin Langhe vom Weingut Fontanafredda trinken. Zum krönenden Abschluss gehört der Besuch im La Stanza delle Tentazioni, dem bunt gekachelten „Zimmer der Versuchung". Zur freien Auswahl lässt einen dort eine überbordende Auswahl an Baba rhum, Fruchttörtchen, Mousse, Torten und Profiterol ins süße Delirium fallen. War man im Il Riccio, hat man eigentlich keine Lust mehr den Rest des Tages noch etwas zu essen, weil man weiß, dass es einfach nicht mehr so gut sein kann. Als Restaurantgast kann man sich anschließend im Beachclub ausstrecken, der, wie das Il Riccio, zum Hotel Capri Palace gehört.

Il Riccio – Via Gradola, 4 – Capri-Anacapri
T: +39 (0)81 8371380 – www.capripalace.com

»Zu Annas Stammgästen gehört Francis Ford Coppola, der eines Tages vor der Tür stand und dann immer wiederkam.«

# TRATTORIA LE ZIE

HAUSGEMACHT • LOKAL • FAMILIÄR

Fragt man hier nach der Speisekarte, erwidert Anna Carmela Perrone lachend: „Die bin ich" – und sie beginnt, die Spezialitäten ihres Familienunternehmens aufzuzählen. Taieddha, mit Pecorino und geriebenem Brot überbackene Miesmuscheln, gehören dazu, Melanzane alla parmigiana, Auberginenauflauf mit Parmesan, und als Beilage knackig frische Kartoffeln mit Sellerie und Karotten. Eine so authentische wie ausgefeilte Küche, die immer noch die Einheimischen der Umgebung anzieht. Hinter einer Zeitung vergraben, in ein Buch vertieft oder im Plausch mit dem Tischnachbarn sorgen auch sie für eine lockere und entspannte Atmosphäre. Seit über 40 Jahren gibt es das Restaurant, Anna hat es vor 15 Jahren übernommen und macht in intimer Wohnzimmer-Atmosphäre seither ihre Gäste glücklich. Postkarten, Visitenkarten und Danksagungen, die an den Wänden hängen, und auch Fotos zeugen davon. Eines zeigt Anna mit dem US-Regisseur Francis Ford Coppola, der eines Tages vor der Tür stand und dann immer wiederkam. So frische und hausgemachte, schlichte Speisen bekommt man nicht überall serviert. Sie werden ausschließlich von Frauen zubereitet, das ist Annas Philosophie. Die „viel zu langweiligen Dinge wie Buchhaltung" erledigt der einzige Mann im Restaurant: Annas Gatte Pino. Und auch sonst bleibt alles in „la famiglia": Annas Mutter stellt die getrockneten Tomaten her, der Cousin liefert das fantastische Olivenöl.

Trattoria Le Zie – Via Costadura, 19 – Lecce
T: +39 0832 245178 – www.lezietrattoria.com

„Eine Oase der anspruchsvollen einfachen Küche mit selten gewordenen Gemüsen.“

# CIBUS

## ANSPRUCHSVOLL · HAUSGEMACHT · KLASSISCH

Angelo Silibello repräsentiert Slow Food wie kein zweiter Gastronom in Apulien. Sein Restaurant in einem hellen schlichten Gewölbe, das ganz ohne die rustikalen Geschmacksverirrungen vieler Kollegen auskommt, ist eine Oase der anspruchsvollen einfachen Küche mit selten gewordenen Gemüsen. Suppen aus Fave, dicken Bohnen, und Cicoria, Chicorée, saftiges Schwein mit Lampascioni, bitteren Zwiebeln, Semmelbröseln und Pecorino, stehen auf der Karte. Wer das gute Ricotta-Soufflé mit gerösteten Mandeln als Nachtisch nicht mehr schafft, bekommt zu seinem Kaffee die unvergesslichen hausgebackenen Mandelkekse. Aus einer kleinen Bäckerei im Ort stammt das köstliche Brot, zu dem eigene Olivenöle gereicht werden. Seiner Vorliebe für Käse wird Angelo mit einem Käsehumidor gerecht. Nicht zu vergessen auch die ausgesprochen gute Weinkarte, auf der wir über die Jahre viel Besonderes entdeckt haben. Angelos Küchenphilosophie: Das Neue kann nicht ohne das Alte sein. Verliere nicht die Bodenhaftung, achte deine Wurzeln, und du kannst kreativ sein. Die Silibellos sind seit 1952 leidenschaftliche Gastronomen. Seit 1995 betreibt Angelo das Cibus, und genauso lange stehen dort seine Mutter Giovanna und seine Schwester Filomena in der Küche. Neben der Kochkunst schlägt Angelos Herz heftig für den Jazz. Ab und zu gibt es Konzerte, fragen Sie im Restaurant nach den Terminen.

Osteria Enoteca Cibus – Via Chianche di Scarano, 7 – Ceglie Messapica
T: +39 0831 388980 – www.ristorantecibus.it

»Die Gerichte sind der Inbegriff alter toskanischer Küche, wie sie heute noch in den meisten Familien gepflegt wird.«

# DA RUGGERO

➵ KLASSISCH · TRADITIONELL · HAUSGEMACHT

Hier essen Sie mit Einheimischen. Denn obwohl die Trattoria Da Ruggero eine bekannte Institution ist, verirren sich nur wenige Touristen hierher. Auch weil sie außerhalb der Stadtmauer von Florenz liegt. Dafür ist die Trattoria aber für jeden gut erreichbar, der mit dem Auto aus dem Chianti unterwegs ist und nicht in den Wahnsinn der Altstadt eintauchen möchte. Im Da Ruggero wird eine der besten Pasta con ragù serviert. Die Gerichte sind der Inbegriff alter toskanischer Küche, wie sie heute noch in den meisten Familien gepflegt wird. Zu ihr gehören Kaninchen, Steinpilze und im Herbst der berühmte Insalata di Ovoli, ein Salat mit roh gehobelten Pilzen, Zitrone und Petersilie. Er ist gesund und einfach köstlich. Das klassisch florentinische Restaurant ist durch und durch ein Familienbetrieb. Mutter Anna Ruggero hat es vor 30 Jahren mit ihrem Mann gekauft. Während sie selbst bedient, steht Sohn Ricardo in der Küche und am Abend kommt Tochter Paola hinzu, wacht über Vorspeisen, Desserts und Wein und springt nach Bedarf im Service ein. Die Liebe der Ruggeros zur traditionellen Küche fühlt man in jeder Geste, schmeckt man in den Gerichten und sieht man in den glücklichen Gesichtern der Gäste. Selbst beim Brot werden keine Kompromisse gemacht, es wird extra von „Antico Forno“, der besten toskanischen Bäckerei aus San Casciano angeliefert. Mittags bekommen Sie auch mal spontan einen Tisch, abends müssen Sie reservieren.

Trattoria Da Ruggero – Via Senese, 89 – Florenz
T: +39 0552 20542

# CIBRÈO

## ➣ TRADITIONELL · TOSKANISCH · GRENZENLOS

Wer vom Markt Sant'Ambrogio zur Via dei Macci möchte, durchquert die Welt von Fabio Picci. Vielleicht eilt gerade in diesem Moment ein Koch mit einem Topf dampfender ribollita (Gemüsesuppe) über die Straße oder Fabio selbst springt im klassischen Kochoutfit von einem seiner kulinarischen Stützpunkte zum nächsten. Ein Café, ein Restaurant und eine Trattoria tragen den Namen Cibrèo. Fabios Leidenschaft für seine traditionelle toskanische Küche kennt keine Grenzen. Jeder Bissen soll eine neue kulinarische Erfahrung sein. Alte Rezepte, die von Müttern und Großmüttern über Jahrhunderte entwickelt wurden und heute, in Form eines sformato di ricotta (Ricottasoufflé), mit traditionellen Fleischgerichten auf der Karte stehen. Mit dem Teatro del Sale haben Fabio und seine Frau, die Schauspielerin Maria Cassi, sich den Wunsch erfüllt, Theater, Musik und Komik mit der Kunst des Kochens zu einem Rausch der Sinne zusammenzufügen. Schon die Räume sind mit so viel Gefühl und Liebe zum Detail gestaltet, dass selbst designverwöhnte Menschen sich kaum dem Gefühl von „Alice im Wunderland" erwehren können. Die Küche ist von außen einsehbar und während der Mahlzeiten schaut Fabio spontan aus dem Fenster der verglasten Wand und ruft, nein, brüllt mit breitem toskanischem Akzent in den Raum: „rosticciana – kommt, genießt es, ich kann doch nichts wegschmeißen". Ein paar Minuten später: „polpettina – ihr werdet keine Ruhe im Leben finden, wenn ihr nichts davon gekostet habt." Wenn alle satt und glücklich sind, beginnt die Vorführung.

Trattoria Cibrèo – Via dei Macci 122r – Florenz
T: +39 055 2341100 – www.cibreo.com

St. Mario Poppins
LUNA
VIETATO FUMARE
CARRIAGE TOUR

»Bei Fabio Picci soll jeder Bissen eine neue kulinarische Erfahrung sein.«

# DA OSVALDO

LAUSCHIG · LOKAL · TRADITIONELL

Bei Osvaldo dreht sich alles um die Glutberge im großen schwarzen Grill. Ein echter Geheimtipp am Hafen von Portese ist dieses Ristorante Da Osvaldo. Herrlich sitzt man draußen am Mäuerchen unter den Linden direkt am See und kann in schönster Umgebung das Essen genießen. Der Blick auf Gardone Riviera und das Vittoriale ist traumschön, ebenso wie der auf Salò und die munter vor sich hinschaukelnden Boote im Hafen. Der Grill ist das Herz des Restaurants. Seit 1957 gehört das Osvaldo der Familie Morosi. Der Sohn lernte bei seinem Vater und der Vater beim Großvater, wie das Fleisch und die Fische behandelt werden wollen, bevor sie auf den Grill kommen und wie lange sie dort liegen müssen, damit alle Stücke auf den Punkt genau zubereitet sind. Die Fische werden kurz eingelegt (die Marinade bleibt natürlich streng geheim), mit einem Rosmarinbüschel bestrichen, gewürzt und dann auf den Grill gespannt. Bei Osvaldo gibt es ausgezeichnete Süß- und Salzwasserfische, aber auch unglaublich gute Fleischgerichte. Für regnerische Tage stehen einige Tische im Lokal. Draußen ist es jedoch deutlich schöner. Der Vater des Hauses veröffentlichte 2008 einen Kriminalroman: „Il volo dell'Angelo filo". Er ist noch nicht übersetzt, spielt am Gardasee, klingt geheimnisvoll und liegt zum Reinlesen oder Durchblättern in der Gaststube.

Da Osvaldo – Via Porto Portese, 1 – San Felice del Benaco (BS)
T: +39 0365 62108

»Ein echter Geheimtipp am Hafen von Portese.«

„Ein Klassiker am Gardasee in bester Lage am Ufer."

# CASINÒ

➳ STILVOLL · KLASSISCH · WEITLÄUFIG

Die Welt imaginärer Filmkulissen beginnt schon an der Toreinfahrt: Eine riesige Terrasse direkt am See mit weiß lackierten, verschnörkelten Stühlen und Tischen, zart rosafarbenen Tischdecken, dunkelroten Sitzkissen, gelb-weiß gestreiften, vom Sommer verblichenen Markisen. Das Ristorante Casinò gehört zu den Klassikern am Gardasee, ist Teil der alten, etwas abgetakelten Grandezza in bester Lage am Ufer. Die Yachten liegen vor der langgestreckten Terrasse. Unwillkürlich werden Sie in die Hauptrollen ebenso un- wie altbekannter Filme schlüpfen, die vor Jahrzehnten vor ähnlichen Kulissen hätten gedreht werden können. Entsprechend hoch ist der Anteil der Stammgäste, für die ein Essen im Casinò so zu einer Reise an den Gardasee gehört wie für andere gegrillte Seeforelle oder ein Sprizz zur Abenddämmerung. Aus einem ehemals heruntergekommenen Bridgeclub haben Susi und Alberto Forneller vor über 30 Jahren diesen Klassiker gemacht, der mittlerweile selbst ein wenig in die Jahre gekommen ist. Für frischen Wind soll die Tochter sorgen, die nun bald ins Geschäft einsteigen und das Restaurant übernehmen wird. Das Essen ist gut. Die Terrasse mit dem grau-weißen Steinboden ist der Knüller, die Innenräume mit dem ausgetretenen Parkett sind unauffällig, aber stilvoll. Auch wenn im Casinò vor allem Fisch gegessen wird, gehört die Kalbsleber nach wie vor zu den Rennern, ebenso wie die Pasta mit Frühlingszwiebeln.

Casinò – Via Zanardelli, 166 – Gardone Riviera (BS)
T: +39 0365 20387 – www.ristorantecasino.com

VIETATO SPUTARE IN TERRA
GASTALDINO

# TRATTORIA DELLA PESA

STILSICHER · FAMILIÄR · TRADITIONELL

Die Antica Trattoria della Pesa ist in ihrer puren Schönheit einfach perfekt. Der Charme liegt in der behutsamen Art, mit der das alte Interieur bewusst respektiert wird; sanft sind, hier und da, mit einem wachen Auge stilsicher ein paar schlichte Butterkekse auf alten Etageren und Birnen, in Rotwein gekocht, in wunderschönen Schüsseln auf dem Buffet dekoriert. Verantwortlich für all die schönen Facetten ist Francesca, die Tochter des Hauses, die 2004 die Antica Trattoria della Pesa von ihrer Mutter übernommen hat. Alles ist sehr familiär. Treue Stammgäste kennen die Mitarbeiter schon seit Jahrzehnten, sie gehören ganz selbstverständlich mit zum Inventar. In einer ruhigen Minute kann man sie auch mal bei ein paar Scherzen beobachten. Zum Glück hat ein so liebenswertes Restaurant auch eine gute Küche; die Köche stammen noch aus der Zeit von „Mama". Wer Lust hat, in die lombardische Fleischküche einzusteigen, kann ein klassisches „Bollito Misto" probieren: gekochtes Fleisch, ähnlich einer Schlachterplatte, mit Gemüse, eingelegten Früchten und einer grünen Sauce, angerichtet vom Wagen. Leichter ist sicher das „Risotto Milanese" – die Einheimischen schätzen besonders die gebackene Variante mit einer knusprigen Kruste. Doch die klassische Zubereitung ist einfach cremiger und überzeugender. Zum krönenden Abschluss gibt es hier die beste Zabaione Mailands, handgeschlagen: ein kleiner schäumender Traum, der auf der Zunge zergeht.

Antica Trattoria della Pesa – Viale Pasubio 10 – Mailand
T: +39 02 6555741 – www.anticatrattoriadellapesa.com

„Hier gibt es die beste Zabaione Mailands, handgeschlagen: ein kleiner schäumender Traum, der auf der Zunge zergeht.“

# DA GIACOMO

➵ ANSPRUCHSVOLL · TOSKANISCH · KUNSTVOLL

Da Giacomo gehört zu den alten Institutionen der italienischen Designmetropole. Hier trafen sich schon immer interessante Mailänder, gerne auch mit ausländischen Gästen, um ihnen die schönste Seite der Stadt zu zeigen: frischesten Fisch, anspruchsvolle toskanische Küche und ein gemischtes Publikum aus Designern, Intellektuellen – und Söhnen und Töchtern. Alle Einheimischen sind sich übrigens einig, dass Mailand den Fisch aus dem Meer um Sizilien schneller bekommt als Palermo. Da schwingt auch eine gewisse Arroganz mit, aber genau das ist Mailand; und das ist auch „Da Giacomo“: diese eigene Mischung aus Understatement und Abgehobenheit. Abends ist es immer voll, deshalb sollten Sie vorher lieber reservieren. Oder Sie kommen mittags, wenn das Licht durch die Fenster auf die türkisgrüne Holzverkleidung und den kunstvollen Fliesenboden scheint. Bei einem Teller Pasta mit Meeresfrüchten und einer Flasche kühlem Weißwein ist die Welt hier vollkommen. Giacomo liebt es, selber zu kochen, aber er hat seinem Schwiegersohn Marco den Kochlöffel übergeben. Er beglückt heute hier und da seine Gäste mit seiner „Pizetta“ – ein knusprig warmer, verheißungsvoller Einstieg. Sie werden Giacomo sofort anhand des Logos erkennen, sein Profil ist recht markant. Seine klugen Augen spiegeln Lebenserfahrung und Leidenschaft wider – sie erzählen ohne viel Worte von seinem Erfolg über die vielen Jahre.

Da Giacomo – Via Pasquale Sottocorno 6 – Mailand
T: +39 02 76023313 – www.giacomomilano.com

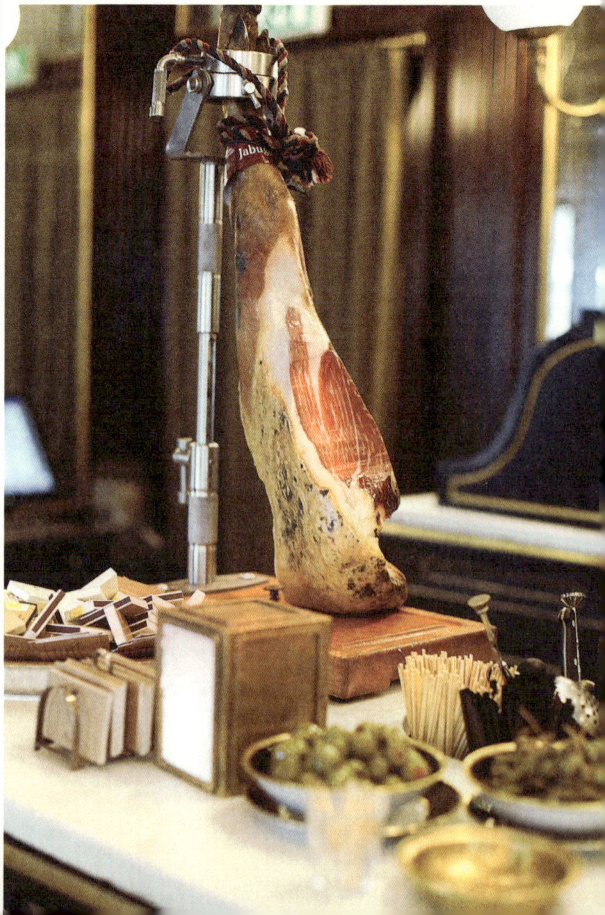

»Diese Mischung aus Understatement und Abgehobenheit – das ist Mailand und das ist auch Da Giacomo.«

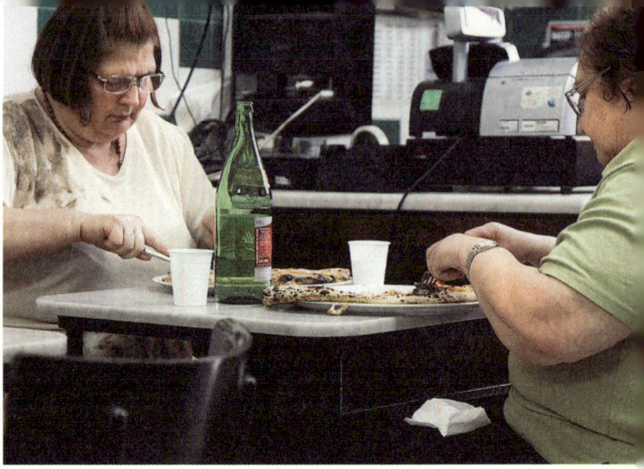

„Bereits 1870 hat
Neapels bester Pizzabäcker
Michele Condurro
Da Michele eröffnet.“

# DA MICHELE

LEGENDÄR • TRADITIONELL • EINFACH

Einem Wunder gleicht hier nicht nur die köstliche Pizza, sondern auch, dass sich der Charme dieser Pizzeria einfach nicht abnutzt. Bereits 1870 hat Neapels bester Pizzabäcker Michele Condurro sie eröffnet, der schon mal in den Palazzo Reale gerufen wurde, wenn es galt, Staatsgästen wie Zar Nikolaus eine Magharita zu servieren. Vor einem halben Jahrhundert haben seine fünf Enkel das Familienerbe angetreten und spätestens seit Julia Roberts 2010 in der Hollywood-Schmonzette „Eat Pray Love" hier voller Leidenschaft in eine Magharita biss, stehen die Touristen Schlange. Doch unter den Fotografien der Roberts, die strahlend mit den Pizzaköchen posiert, geht weiterhin alles seinen gewohnten Gang. Während die Enkel erst alle das Pizzahandwerk erlernten, dann aber Dottore oder Professore wurden, sitzt jeder von ihnen einen Tag in der Woche an der Kasse. Jeder wird hier zu jedem an den Tisch gesetzt und allen werden wie eh und je nur zwei Sorten Pizza serviert: Marinara mit Tomate, Knoblauch und Oregano und Margherita mit Tomate, Mozzarella und Basilikum. Beide für unschlagbare 4,50 Euro, mit dünnem Teig, würzigem Belag und absolutem Suchtcharakter. Das geht den Anwohnern nicht anders, von denen viele unter dem Neonlicht in den gekachelten Räumen sitzen. Wie sie sollten Sie unbedingt vor 12 Uhr kommen, da ist es noch entspannt – und die Pizza schmeckt sowieso zu jeder Zeit.

L'Antica Pizzeria da Michele – Via Cesare Sersale, 1–3 – Neapel
T: +39 (0)81 5539204 – www.damichele.net

SANT'EUSTACHIO
CAFFÈ
SHAKERATO

# SANT' EUSTACHIO

➳ TRADITIONELL · ZENTRAL · BELIEBT

Eigentlich sollten Sie mindestens einmal am Tag bei Sant'Eustachio einen caffè cremosa genießen. Es ist zweifellos der beste und cremigste Caffè in Rom. Das Gute ist, dass sich ein kurzer Besuch wegen der zentralen Lage direkt hinter dem Pantheon quasi immer lohnt. Doch erwarten Sie kein Café mit vielen Tischen. Im Sant'Eustachio wird der Kaffee an einem geschwungenen 30er-Jahre-Tresen getrunken. Der Cappuccino ist natürlich genauso köstlich und im Gegensatz zu anderen Bars schon leicht gesüßt. Wer ihn ungesüßt lieber mag, sollte das dem barista (Barmann) vorher sagen. Nur keine Scheu! In Italien geht man regelrecht unter, wenn man keinen Sonderwunsch parat hat. Den köstlichen Kaffee gibt es natürlich auch zum Mitnehmen. Die leuchtend gelben Kaffeetüten sind mit dem traditionellen Hirschkopflogo, das Zeichen der gegenüberliegenden Kirche Sant'Eustachio, versehen und passen einfach in das aktuelle Beuteschema im Bereich Delisouvenirs: erstklassige Produkte in traditionellen Verpackungen. Das haben die beiden Brüder Raimondo und Roberto Ricci natürlich schon längst erkannt und erweiterten das breite Kaffeeangebot um Kaffeelikör, Schokoladen-kaffeebohnen, marroni und diverses Kaffeegeschirr. Wer sich wenig um Kalorien kümmert, dem seien die baci morbidi, weiche Küsse, besonders zu empfehlen – eine der letzten Erfindungen aus dem Hause Sant'Eustachio.

Sant'Eustachio – Piazza Sant'Eustachio, 82 – Rom
T: +39 06 68802048 – www.santeustachioilcaffe.it

"Zweifellos der beste und cremigste Kaffee in Rom."

Latte
di
Mandorla

VIGILI DEL FUOCO

RUSSO
MARCHIO DEPOSITATO
RUSSO S.N.C.
fondata nel 1880
Santa Venerina - Catania
Tel. 095/953202
Tortina Paradiso

# PASTICCERIA RUSSO

TRADITIONELL · ENTZÜCKEND · HANDGEMACHT

Die Ätna-Region ist berühmt für ihre Pasticcerien. Ganz besonders aber ist das Russo. Bereits ein Blick in die prall und bunt gefüllten Vitrinen versetzt in helle Vorfreude auf den Genuss feinster sizilianischer Köstlichkeiten, die direkt im Nebenhaus handwerklich und kunstvoll produziert werden. In dritter Generation führt Anna Russo zusammen mit ihren Geschwistern Salvatore und Maria Nevia das entzückende Geschäft. Bei einem Aufenthalt im Ladenlokal, im Original-Look von anno 1880 mit den geschmackvoll taubenblau gestrichenen Wänden, dem goldenen Stuck und einem Bild vom Großvater an der Wand, fühlt man sich bald fast schon selbst als Teil einer alten Tradition. Im hinteren Teil befindet sich eine typisch sizilianische Bar, und Sie sollten unbedingt die Cornetti al miele mit Briocheteig probieren. Auch eine Mandel- oder Pistaziengranita hat zusammen mit einer ofenwarmen fluffigen Brioche absolutes Suchtpotenzial. Ein besonders schönes Mitbringsel für zu Hause ist eine der dekorativen braunen Geschenkdosen, gefüllt mit den attraktiven Süßigkeiten!

Pasticceria Russo – Via V. Emanuele, 105 – Santa Venerina
T: +39 095 953202 – www.dolcirusso.it

» Das Pistaziengranita zusammen mit einer ofenwarmen fluffigen Brioche hat absolutes Suchtpotenzial. «

CHIARAGEL

» Craparo ist es gelungen, die Tradition der Insel mit modernem, urbanem Flair zu mischen. «

# LA LOCANDA DEL COLONNELLO

## LOKAL · HAUSGEMACHT · ANSPRUCHSVOLL

Der Sizilianer Accursio Craparo scheint für alles Gastronomische ein besonderes Händchen zu haben. Seine Küche ist traditionell-trapanesisch mit Produkten und Zutaten in bester Slow-Food-Qualität, die er ausschließlich von der Insel bezieht. Alles ist hausgemacht! Probieren Sie die gedrehte Busiate-Pasta mit einem Pesto aus Tomaten, Mandeln, Basilikum, Knoblauch und Chili oder das Favebohnen-Püree mit wildem Fenchel oder den Salat aus Datteltomaten mit Kapern und Büffelmozzarella. Alle Gerichte tragen seine eigene Handschrift und werden auf farbigen Keramiktellern serviert. Auch die Karte und die gesamte Präsentation der Speisen überraschen mit einem Augenzwinkern und schönen Details. So wird das frisch gebackene Brot ofenwarm in einer Papiertüte serviert, als ob es soeben vom Bäcker käme, den Vorspeisenklassiker „cibo da strada" (Straßenfutter) nimmt man aus dreierlei Teigtaschen zu sich, und die Arancini di riso werden in einer verschlossenen Snackwundertüte gereicht. Wunderbar! Craparo ist es gelungen, die Tradition der Insel mit modernem, urbanem Flair zu mischen, das zieht ein anspruchsvolles und intellektuelles Publikum an. Die vier Gänge für 28 Euro sind großartig, ebenso wie die feine Weinauswahl und der einmalige Service.

La Locanda del Colonnello – Vico Biscari, 6 – Modica
T: +39 0932 752423 – www.locandadelcolonnello.it

»Das klassisch-palermische Slow-Food-Restaurant ist ein Familienbetrieb wie aus dem Bilderbuch.«

# PICCOLO NAPOLI

KLASSISCH • LOCKER • FAMILIÄR

Palermos bestes Fischrestaurant gibt es schon seit 1951, und inzwischen ist es eine Institution. Auf den ersten Blick besticht es durch seine üppige Fischauslage in 1-a-Qualität. Das klassisch-palermische Slow-Food-Restaurant im Borgo Vecchio ist ein Familienbetrieb wie aus dem Bilderbuch. Vater Orazio Corona hat es vor 62 Jahren eröffnet, seine beiden flinken Söhne Pippo und Gianni führen es heute mit derselben Hingabe. Ihre Liebe zur traditionellen Küche ist spürbar in jeder Geste, schmeckt man in der liebevollen Zubereitung der Speisen und spiegelt sich in den glücklichen Gesichtern der Gäste wider. Die Gerichte sind der Inbegriff typisch palermischer Küche, in deren Tradition auch heute noch die meisten Familien kochen. Köstlich sind die Antipasti, darunter Pinelle aus Kichererbsenmehl, gegrillte Gemüse und Caponata. Ausgezeichnet auch die Spaghetti al nero di seppia, die Bucatini con sarde oder die Involtini di spatola (Rouladen vom sizilianischen Spachtelfisch mit Lorbeer und Rosinen) und die Fisch-Secondi. Obwohl das Piccolo Napoli eine Berühmtheit ist, essen Sie hier in lockerer, liebenswerter Stimmung zusammen mit Einheimischen. Eine wahre Perle auf der Insel!

Piccolo Napoli – Piazzetta Mulino a Vento, 4 – Palermo
T: +39 091 320431

"
Der Blick auf das blaue Meer ist ebenso perfekt wie die Küche authentisch.
"

# TAVERNA LA CIALOMA

➵ HERZLICH • HANDGEMACHT • PITTORESK

Ein Postkartensetting, das auch von der sizilianischen Medienszene geliebt und als Location für ihre Shootings verwendet wird! Die Terrasse unter einem Schatten spendenden Strohdach lädt ein, auf türkisfarbenen Stühlen mit geflochtenen Sitzen an weiß gedeckten Tischen Platz zu nehmen. Der Blick auf das blaue Meer ist ebenso perfekt wie die Küche authentisch. Am Herd regiert la Signora Lina Campisi. Die herzliche Mutter von fünf Kindern zaubert handgemachte Pasta mit Thunfischragout oder frittiert fangfrischen Fisch. Als Einheimische wurde sie mit Fisch und den überlieferten Geheimnissen seiner besonderen Zubereitung groß. Geprägt durch 50 Jahre Kocherfahrung wurde ihr Restaurant zu einem wundervollen Ort der Erinnerungen: mit sämtlichen Gewürzaromen der Welt, ihren Lieblingsfarben, den Fotografien ihrer Kinder und den an die Nonna erinnernden Spitzendeckchen ... Blendet man die hässlichen Neubauten aus, von denen das entzückende Fischerdorf Marzamemi umgeben ist, könnte man meinen, das Paradies gefunden zu haben. Das charmante Familienrestaurant La Cialoma liegt – grazie a dio – an der idyllischen Piazza Regina Margherita, neben den pittoresken Ruinen der alten Thunfischverarbeitungsfabrik.

Taverna la Cialoma – Piazza Regina Margherita – Marzamemi
T: +39 0931 841772 – www.lacialoma.it

20 C M B 10

# KINIGHOF

CHARMANT · GEMÜTLICH · LOKAL

Den Weg zum Kinighof weist Ihnen eine augenzwinkernde Installation aus alten Pfannen, Töpfen und Durchschlagsieben, die leuchtend bunt am Berghang steht. Sie bringe genau die richtigen Gäste, sagt die Bäuerin Benedikta Pechlaner, die nicht nur herrlich lecker kocht, sondern auch einen Sinn für Kunsthandwerk und viele andere schöne Dinge des Lebens hat. Wie für ihren charmanten Buschenschank, der sich in 970 Meter Höhe an den Ritten schmiegt und von Wiesen und Vogelgezwitscher umgeben ist. Alles, was in der gemütlichen alten Stube auf den Tisch kommt, ist selbst gemacht, vom geräucherten Speck Bresaola zu Käse, Apfelsaft, Knödeln und selbst gebackenem Brot. Besonders köstlich sind der Kinigschmarrn mit getrockneten Zwetschgen und die Schwarzplentener Riebel aus Buchweizen, Zwetschgen und Äpfeln. Der Kinighof ist ein Familienbetrieb, und familiär geht es auch in der Stube zu. Entspannt sitzt man zusammen an Holztischen, teilt Brot, Schinken und Butter und über allen thront Philipp, der kleine Sohn des Hauses in einem Bett, das direkt über dem Ofen angebracht ist. Eine Szenerie, die ein bisschen an „Die Abenteuer des starken Wanja“ erinnert. Am Sonntag ist der Buschenschank ein sehr beliebtes Ausflugsziel, in der Woche geht es dort ruhiger zu. Besonders schön ist es, mit der Seilbahn von Bozen aus auf den Ritten zu fahren und auf dem Wanderweg Nr. 26 zum Kinighof zu laufen. Eine Tour, die etwas länger als eine halbe Stunde dauert.

Kinighof – Signat
T: +39 0471 365047

» Alles, was in der gemütlichen alten Stube auf den Tisch kommt, ist selbst gemacht. «

KRONE
GASTHOF
RESTAURANT
HOTEL
4

# GASTHOF KRONE

➳ BEHAGLICH • FAMILIÄR • AUTHENTISCH

Im Dorfkern von Aldein, neben Rathaus und alter Schule, liegt der Gasthof der Familie Franzelin. Er ist eine wunderbare Adresse. Einst war der Hof Pilgerstation auf dem Weg zum Kloster Maria Weißenstein. Heute machen dort Feinschmecker Rast, denn die Gerichte der Krone sind auf den Punkt, unverfälscht südtirolerisch und mit besten Zutaten, viel Aufwand und Liebe zubereitet. Der Gasthof ist ein Familienbetrieb. Mutter Maria Alberta steht mit einem ihrer Söhne in der Küche, der andere übernimmt den Service und Vater Andreas macht Wurst, Schinken und Speck. Die sind genauso legendär wie das Knödeltris mit Speck, Käse und Spinat und die Hirschnuss an Bratapfel, ein Inbegriff der guten Südtiroler Küche. Fleisch, Gemüse und duftende Kräuter stammen vom eigenen Bauernhof, viele andere Zutaten von den Bauern der Umgebung. Ungewöhnlich ist auch der große Weinkeller mit einer Auswahl an hervorragenden Weinen der Region. Sohn Georg kennt alle Weingüter höchstpersönlich, kann ihre Besonderheiten schwungvoll erklären und empfiehlt Highlights wie den Terlaner Quarz 2008, einen Sauvignon aus der Unterländer Kellerei Terlan, der nicht nur frisch und voluminös schmeckt, sondern auch perfekt zum Knödeltris passt. Die Krone ist ein Gasthof im altherkömmlichen Stil mit alten Gewölben und einer behaglichen Stube, in die man sowohl mittags nach einer Wanderung als auch abends einkehren kann.

Gasthof Krone – Dorfplatz 3 – Aldein
T: +39 0471 886825 – www.gasthof-krone.it

„Legendär das Knödeltris mit Speck, Käse und Spinat – ein Inbegriff der guten Südtiroler Küche.“

# VIPORE

## LEGENDÄR · LAUSCHIG · VERSTECKT

Erst schlängelt man sich den Berg hinauf, nimmt Kurve um Kurve und denkt, dass hier eigentlich nichts mehr kommen kann. Doch dann schmiegt es sich plötzlich an den Hang: das Restaurant Vipore mit seinen legendären Pommes frites. Ihr Geheimnis: frische Kräuter wie Salbei, Thymian und Rosmarin, die allesamt mitfrittiert werden und so den ganz besonderen und köstlichen Geschmack ausmachen. Man sollte sie wirklich einmal im Leben gegessen haben, denn sie sind nicht nur weit über die Toskana hinaus bekannt, sondern gehören tatsächlich zu den besten Pommes der Welt. Besonders gut passen sie zu dem Pollo alla Brace, einem toskanischen Grillhähnchen, das so perfekt zubereitet ist, dass es innen wunderbar saftig ist und die Haut herrlich kross. Ähnlich gut sind die Tagliata di Manzo alle Erbe aromatiche, die Tortelli und der Insalata di Pane, ein typisch toskanischer Brotsalat. Eigentlich aber sollten Sie im Vipore die legendären Pommes mit Huhn essen. Und das am besten im lauschigen Garten, denn der Blick von dort auf das Luccatal und auf Lucca selbst ist genauso legendär wie die Speisekarte – und der Wirt. Trinken Sie dazu den Rotwein der Fattoria Buonamico und das Glück ist perfekt.

Vipore – Via della Pieve Santo Stefano, 4469 – Pieve di Santo Stefano
T: +39 0583 394065

„Der Blick vom lauschigen Garten auf das Luccatal ist genauso legendär wie die Pommes – und der Wirt."

»Das Da Delfina ist eines der berühmtesten Restaurants in der Toskana.«

# DA DELFINA

IDYLLISCH · TRADITIONELL · LEIDENSCHAFTLICH

Mit einem perfekt gegrillten Bistecca Fiorentina auf dem Teller können Sie den Blick auf die Medici-Villa La Ferdinanda schweifen lassen. Das Da Delfina ist eines der berühmtesten Restaurants in der Toskana. Die traditionelle toskanische Küche wird von Carlo Cioni auf den Punkt genau zubereitet. Er macht die beste Ribollita der Region, einen toskanischen Gemüseeintopf. Die Pasta ist toll und die Fleischküche unübertroffen. Das Da Delfina ist berühmt für seine deftigen Saucen. Sie köcheln bis zu zwei Tage zu einer Geschmacksexplosion heran. Aromatisch ist auch der toskanische Spieß: Das Schweinefleisch wird mit vielen Kräutern und Salz eingerieben und mit Weißbrotscheiben gegrillt. Die Karte wechselt im Takt der Jahreszeiten. Im Herbst sind die grünen Tomaten mit überbackenen Trauben eine umwerfende Erfahrung. Carlo Cioni hat all dies von seiner Mutter Delfina gelernt, von der er in den 50er-Jahren das Restaurant übernommen hat. Er ist ein Gastronom alter Schule, der von Tisch zu Tisch geht und leidenschaftlich erklärt, wieso jedes Gericht genau so und nicht anders zubereitet werden muss. Bei alten Freunden setzt er sich auch mal auf einen Plausch dazu und überlässt seinem liebenswerten Team, das schon seit Jahren mit dabei ist, für eine kleine Pause die Bühne. Danach rundet ein Spaziergang zur Medici-Villa den Tag ab. Der mit Zypressen gesäumte Weg auf dem Grat bietet einen herrlichen Blick in beide Täler.

Da Delfina – Via della Chiesa, 1 – Artimino
T: +39 0558 718074 – www.dadelfina.it

»Bis auf den letzten Platz sind alle Tische mit Stammgästen besetzt und alles ist wie eine Bühne hell erleuchtet.«

# BONANNI

VERSTECKT · GEMÜTLICH · FAMILIÄR

Mit dem Bonanni ist es wie mit guten Pilzplätzen: Wer sie entdeckt, passt normalerweise auf, dass niemand sonst davon erfährt. Wir machen eine Ausnahme. Beim Eintreten fällt einem gleich der unverfälschte, gemütliche Speisesaal auf. Viele Details sind in über 60 Jahren kaum verändert worden. Bis auf den letzten Platz sind alle Tische mit Stammgästen besetzt und alles ist wie eine Bühne hell erleuchtet. Dies ist die „Bühne" von Maurilio, dem Sohn von Mauro, der es liebt von Tisch zu Tisch zu ziehen und die Tageskarte mit einem tiefen Bass seinen Gästen vorzuschmettern. Das vergisst man nie. Der Vater Mauro schneidet indessen das Brot, füllt den Wein in die Karaffen, schreibt die Rechnung, natürlich in Lire, was immer einen kleinen Schreck bei den Zahlenden auslöst, aber dann doch in letzter Minute mit einem alten Taschenrechner zurechtgerechnet wird. Mittags hört Mauro gerne mit seinem uralten Kofferradio am Ohr Fußball, wozu er sich lässig im Türrahmen postiert. Die Königin der Küche, und eine der besten Köchinnen der Toskana, ist Marisia, die Tochter von Mauro. Sie kocht so gut, dass besonders ihre Pasta al Cinghiale (Wildschweinsauce) als lebenslängliche Sehnsucht in einem jeden fortleben wird. Das Risiko sollte man dennoch eingehen und einen wirklichen Grund zurückzukehren braucht doch jeder. Unversucht sollten aber auch auf keinen Fall die Linguine mit Trüffeln, die Pasta mit Spargelcreme, das Bistecca Fiorentina und die Rosticiana (gegrilltes Fleisch) mit weißen Bohnen bleiben.

Bonanni – Via Turbone, 9 – Montelupo
T: +39 0571 913477

# OSTERIA CANDALLA

VERSTECKT • SYMPATHISCH • URIG

Das Candalla ist ein geheimes Juwel und diese verstecken sich bekanntlich gerne. Nachdem man einige Zeit einer kurvenreichen Straße am Fluss gefolgt ist, stößt man auf einen eher unspektakulären Eingang. Umso überraschender ist die Welt, die sich dahinter auftut. Bei schönem Wetter werden Sie durch sympathisch eingerichtete Räume zielsicher in den Garten geführt, wo sich auf zahlreichen Ebenen Tische in Nischen verbergen. Hier kann jeder seinen Lieblingsplatz mit Blick auf den Fluss wählen, zumindest wer rechtzeitig da ist oder reserviert hat. Wenn man nicht wüsste, dass man in der Toskana ist, ist das Bild eher das eines „Grotto“ im Tessin und wie auch in der italienischen Schweiz baden Gäste unten am Fluss oder entspannen dösend auf Liegestühlen in dem kühlen Flussbecken. Doch nicht nur der Ort ist diesen Ausflug wert, das Essen wäre auch ohne das ganze Setting ein „must visit“. Die Vorspeisen sind eine Reise durch alle Geschmackssynapsen, doch die absoluten Glücksgefühle bekommen Sie bei den Maltagliati, breite, fast crêpeartige Pasta, mit Entenfleisch. Auch die Vorspeisen und das Dessert sind einfach göttlich.

Osteria Candalla – Via di Candalla, 264 – Lombrici Loc Camaiore
T: +39 0584984381 – www.osteriacandalla.it

„

Hier kann jeder seinen Lieblingsplatz mit Blick auf den Fluss wählen, zumindest wer rechtzeitig da ist.

“

"Beim Blick auf die Karte trifft man auf all die Klassiker wie auf gute Bekannte."

# HARRY'S DOLCI

ROMANTISCH · STILVOLL · GEHOBEN

Der Blick von der Insel Giudecca aus auf die Stadt Venedig ist unbeschreiblich schön. Das Panorama bei einem Teller risotto cipriani und einem kühlen Weißwein zu genießen, ist allerdings noch viel, viel schöner. Günstig ist es leider nicht, aber Sie können nirgendwo die Lagunenstadt aus kulinarischer Sicht romantischer erfahren. Und die Preise sind fast um die Hälfte günstiger als bei der berühmten Schwester Harry's Bar, bei fast identischer Karte. Beim Blick auf die Karte trifft man auf all die Klassiker wie auf gute Bekannte, die Harry's Bar berühmt gemacht haben: der Bellini, das carpaccio di chianina alla Cipriani, fegato di vitello alla veneziana con polenta und die unglaublichen Torten, die in der Welt so bekannt sind wie die Gondeln. Natürlich ist es auch bei schlechtem Wetter großartig hier, denn in dem großen Saal sitzt es sich auf den kleinen wohlgeformten Sesseln sehr einladend, und im Gegensatz zu den Plastikstühlen draußen stört kein unnötiger Schnickschnack das stilvolle Auge. Der Kellner ist wunderbar diskret und bringt in liebevoller Geste unaufgefordert gleich zwei Löffel zum Dessert! So können sich Hüften sowie das Konto auch diesen kleinen Luxus noch leisten!

Harry's Dolci – Giudecca, 773 (Fondamenta San Biagio) – Venedig
T: +39 041 5224844 oder +39 041 5208337 – www.cipriani.com

VINI DA GIGIO
3628A

# VINI DA GIGIO

LEIDENSCHAFTLICH · LOKAL · BEHAGLICH

Vini da Gigio ist inzwischen der Treff für Menschen aus aller Welt, die etwas von guter Küche verstehen. Die beiden Geschwister Laura und Paolo Lazzari verkörpern pure Leidenschaft für ihre Arbeit und das zu wirklich fairen Preisen. Lauras grandiose Fisch- und Wildküche sowie Paolos sicheres Händchen für besondere Weine überzeugen Venezianer wie auch reisende Gourmets. Beginnen Sie mit den Fischvorspeisen und einer großen Portion frittierter Stockfischbällchen mit weißer Polenta. Sie zergehen auf der Zunge! Venezianische Klassiker wie bigoli, eine Nudelsorte aus Vollkornmehl, werden mit einer aromatischen Entensoße verfeinert. Sogar die zart angebratenen kleinen Tintenfischchen schmecken von Laura und ihrer jungen Chefköchin milder und auch delikater als sonst in der Stadt. Wer dem Fisch nicht so Freund ist, kann sich im Herbst und Winter auf die köstlichen Wildgerichte stürzen. Fasane, Enten und Hasen werden vom befreundeten Jäger direkt in die Küche getragen und sofort verarbeitet. Das Besondere bei Laura und Paolo ist, dass Sie auf „Haubenniveau" essen können, doch ohne dabei einen steifen Service, winzige Portionen und angestrengte Gäste in Kauf nehmen zu müssen.

Vini da Gigio – Cannaregio, 3628 A – Venedig
T: +39 041 5285140 – www.vinidagigio.com

„Der Treff für Menschen aus aller Welt, die etwas von guter Küche verstehen."

„Schon von draußen riecht man den verführerisch süßen Duft, der Kunden scharenweise in den Laden zieht.“

# PASTICCERIA TONOLO

VERFÜHRERISCH · STILBEWUSST · TRADITIONSREICH

Die Pasticceria Tonolo im San-Polo-Viertel macht dermaßen süchtig, dass einige Venezianer, wie auch Touristen, ihre Stadtbummel oder den täglichen Weg zur Arbeit so legen, dass sie mindestens einmal am Tag an der Bäckerei vorbeikommen. Schon von draußen riecht man den verführerisch süßen Duft, der die Kunden scharenweise in den Laden zieht. In der traditionsreichen Pasticceria von 1886 wird alles selber gebacken – von ihren berühmten Karamell Budinis (Pudding), über Zabaione-Beignets, bis hin zum legendären Bombolone – eine Art Krapfen, gefüllt mit Marmelade, der allerdings nicht frittiert, sondern gebacken wird. Bereits morgens, wenn der Laden um kurz vor acht seine Türen öffnet, strömen die ersten Geschäftsleute rein, um vor der Arbeit noch schnell einen Espresso mit einem Cornetto zu genießen. Stilbewusst wird der Kaffee in feinen, blauweiß gemusterten Porzellantassen serviert. Tagsüber füllt sich die Pasticceria mit Müttern und ihren Kindern, älteren Herrschaften und natürlich Touristen aus der ganzen Welt. Zu späterer Stunde trudeln dann wieder die Geschäftsleute ein, um auf dem Nach-hauseweg noch schnell ein Glas Wein und eine Pizzette zu verdrücken.

Pasticceria Tonolo – Calle de San Pantalon – Venedig
T: +39 041 5237209 – www.facebook.com/PasticceriaTonolo

# LOCANDA DI CASTELVECCHIO

DEFTIG · RUSTIKAL · FAMILIÄR

Die Könige des Carne Salada residieren in Cologna di Tenno. Bereits in der dritten Generation lockt die Familie Benini ihre Fleischfans mit der Spezialität Carne Salada und deftigem Essen in den rustikalen alten Hof aus dem 17. Jahrhundert. Zur Vorspeise gibt es Wurstplatten, hausgemachte Schinken, leckere grobe Salami und sehr aromatischen Speck. Benini kauft das Fleisch bei ausgesuchten Bauernhöfen und stellt dann alles selbst her. Ein Highlight ist Lardo, den Giorgio Benini einen Monat lang im Haus einlegt: leckerer, zarter, geschmacksexplosiver Speck, serviert auf einer dünnen Scheibe Brot. Dazu gibt es eingelegtes Gemüse. Die Fleischgerichte sind ausgezeichnet. Ein Must-have in der Trattoria Piè di Castello sind die drei Arten Carne Salada: cruda, affumicata und cotta. Eine traditionelle Variante des hipperen Carpaccios vom Gardasee: rohes Carne Salada, hauchdünn geschnitten. Das geräucherte Carne Salada ähnelt einem Schinken, zergeht auf der Zunge und entwickelt ein reiches Kräuteraroma. Oder es wird mit Bohnen gekocht: Carne Salada cotta con Faggioli. Als Nachtisch noch einen armen Gardaseeritter und die Gaumenfreuden sind perfekt: ein Brotpudding mit Eiern, Äpfeln, Milch, Zucker und Salz, das Dolce de Nonna Lisa.

Locanda di CASTELVECCHIO – C.so Castelvecchio, 21/a – Verona
T. +39 045 8030097 – www.ristorantecastelvecchio.com

„Als Nachtisch noch einen armen Gardaseeritter und die Gaumenfreuden sind perfekt."

„
Der Renner ist ein alter irischer Klassiker – geräucherter Schellfisch mit Cheddarbrei: Nicholson's hand-smoked haddock.
"

# THE WINDING STAIR

## EINFACH · SCHLICHT · TRADITIONELL

Das Winding Stair ist ein herrliches Restaurant in Dublin – gerade weil es so einfach und schlicht ist. Angefangen vom Holzboden und den schwarzen Bistrotischen, die Regalwände voller alter Bücher, die Kiste mit den Speisekarten, das schöne Weinregal, die übergestrichenen Backsteinwände bis hin zu der halb offenen Küche: Hier stimmt einfach alles! Traumhaft ist dazu noch der Blick hinaus auf die Penny-Bridge, den Liffey und das Zentrum Dublins. Dem Team ist anzumerken, wie gern es im Winding Stairs zusammenarbeitet – und das in dieser Besetzung schon seit Jahren. Geleitet wird es von der sehr munteren und aufgeweckten Elain Murphy. Da im Winding Stairs nur beste Zutaten auf den Tisch kommen, ist als Vorspeise die einfache Platte mit Meeresfrüchten sehr zu empfehlen: Burren Smokery, Terry Butterly, Stephen Kavanagh and John Rogan's smoked fish plate with our Dillisk bread, crème fraîche, pickled cucumbers and caperberries. Fast noch besser sind die Hauptgerichte. Der Renner aber ist ein alter irischer Klassiker – geräucherter Schellfisch mit Cheddarbrei: Nicholson's hand-smoked haddock. Wobei auch die Schweinelende außergewöhnlich gut ist. Und in guter irischer Tradition könnte man sich dann zum Nachtisch einen Bread and butter pudding with whiskey sauce gönnen – am besten ganz unirisch mit einem Glas San Emilio von Pedro Ximenez.

The Winding Stair – 40 Ormond Quay – Dublin
T: +353 (0)1 8727320 – www.winding-stair.com

# BELDI COUNTRY CLUB

KOSMOPOLITISCH · ROMANTISCH · ERLESEN

Der Beldi Country Club ist einer dieser Plätze, die man am liebsten nie mehr verlassen möchte! Der in Marokko gebürtige Franzose Jean-Dominique Leymarie hat auf 50 Hektar das Paradies erschaffen, bestehend aus Country Club, Hotel, Spa und einem eigenen kleinen Souk. Das Reich von Leymarie liegt etwa 15 Minuten außerhalb der Medina auf der Route du Barrage und ist offen für Tagesbesucher. Vom Parkplatz aus schreitet man vorbei an Rosengärten, deren 13 000 verschiedene Sorten jeden Engländer vor Neid erblassen lassen würden, durch einen romantisch angelegten Garten, hin zum Pool im Olivenhain. Doch das ist erst der Anfang. Von den im Haus angefertigten Stickereien, die die Stoffservietten schmücken, bis hin zu den Seerosenteichen und von Bougainvillea umrankten Außenduschen – hier stimmt jedes noch so kleine Detail. Trotzdem wirkt es natürlich und organisch gewachsen. Der Country Club ist eine Oase für alle, die mal einen Tag Ruhe wollen vom Citylife Marrakeschs, die am Pool liegen wollen, anstatt über den Souk zu laufen. Einmal hier angekommen, gibt es keinen Grund, dieses Paradies wieder zu verlassen. Das angrenzende Restaurant versorgt einen mit allem, was man sich wünschen kann: frisch gepressten Säften, Smoothies, gekühltem Rosé, gegrillter Seezunge, frischen Gambas, Entrecôte vom Grill und süßen Leckereien.

Beldi Country Club – Lage am km 6, Route du Barrage – Marrakesch
T: +212 (0)524 383950 – www.beldicountryclub.com

Jus & Smoothies Frais
• Jus d'orange: 30 DHs
• Jus de pamplemousse: 40 DHs
• Jus de Citron: 30 DHs
• Smoothie Pêche 40 DH
• Smoothie pomme: 40 DHs
• Smoothie de Citron: 40 DH
Dessert
Poire Caramilisée
Soupe de pêche
Assiette de pastèque
Tarte au Citron
Sélections de glaces
Parfums
Café
Chocolat
Vanille
Caramel
frais
mangue
Citron

„

Das Restaurant versorgt
einen mit allem, was man sich
wünschen kann.

“

„Basis ist die absolut frische Ernte des Tages, die immer wieder neu und fantasievoll interpretiert wird.“

# DE KAS

SYMPATHISCH · ENTSPANNT · INTERNATIONAL

Eingebettet in Kräuterbeete und kleine Gemüseplantagen mitten in einer sehr lichten Parkanlage liegt das umgebaute Gewächshaus des Küchenchefs Gert Jan Hagemann. In dem 8 m hohen Gebäude sitzen Sie auf bequemen Sesseln; tagsüber unter herrlich lichtdurchflutetem Glas, mit Blick in den Himmel, auf die Kräuter und Feigenbäume oder in die offene Küche. Dort wird das Gemüse, das vor zwei Stunden noch tief in der Erde gesessen hat und eben gerade vom Farmer angeliefert wurde, sorgfältig und mit Leidenschaft verarbeitet. Abends ist die Stimmung durch die angenehm warme Beleuchtung fast romantisch. Serviert wird immer ein Hauptgericht, mittags meist Fisch, und drei Vorspeisen, die entweder hintereinander oder gleichzeitig gereicht werden. Basis ist die absolut frische Ernte des Tages, die immer wieder neu und fantasievoll interpretiert wird. Alle essen das Gleiche – es herrscht eine ruhige, entspannte Atmosphäre, obwohl in der Küche emsig hantiert wird und das Restaurant wie immer voll ist. Das De Kas zieht ein sympathisches, anspruchsvolles, oft internationales Publikum an und ist an den Wochenenden meist ausgebucht, es empfiehlt sich daher zu reservieren.

Restaurant De Kas – Kamerlingh Onneslaan 3 – Amsterdam
T: +31 (0)20 4624562 – www.restaurantdekas.nl

CAFÉ
BAZAR
CAFÉ
BAZAR

# CAFÉ BAZAR

KLASSISCH • REGIONAL • FAMILIÄR

Alle Wege führen ins Café Bazar – und das gleich mehrmals am Tag. Nicht nur wegen der schönen Sommerterrasse direkt an der Salzach, von der aus man auf das andere Flussufer blickt, wo das Stadttreiben wie in Zeitlupe vorbeizieht. Hier lässt sich der Tag mit einer Marillensemmel oder mit Eiern im Glas und einer Tasse Melange dazu kaum besser beginnen. Aber auch zwischendurch verführen Bazarklassiker wie Rindssuppe mit Frittaten, gratinierte Schinkenfleckerl oder hausgemachter Topfenstrudel immer wieder zur Rückkehr. Auf gute österreichische Produkte direkt vom Bauern legt Familie Brandstätter genauso viel Wert wie auf die persönliche Bedienung der Gäste. Dank der behutsamen Renovierung 2002 zieht noch immer das Flair vergangener Zeiten durch die Räume des Kaffeehauses, dessen Stammgäste sich Bazarianer nennen und über die gesagt wird, dass sie ihren kleinen Braunen so lange auf der Terrasse nehmen, bis der erste Schnee fällt. Auch Marlene Dietrich hat ihren hier getrunken, ebenso Thomas Bernhard, und bis heute treffen sich im Bazar Künstler und Denker. Mit den Uhrzeiten und den Stammgästen wechseln auch die Stimmungen, und so kann man von diesem Ort gar nicht genug bekommen.

Café Bazar – Schwarzstraße 3 – Salzburg-Altstadt
T: +43 (0)662 8742278 – www.cafe-bazar.at

CAFE
BAZAR

„Alle Wege führen ins Café Bazar – gleich mehrmals am Tag."

# JOSEPH

STADTBEKANNT · ANGESAGT · NATÜRLICH

Joseph Weghaupt hat die traditionelle Brotkultur in die Stadt zurückgebracht und sein Waldviertler Bio-Brot ist in Wien in aller Munde. Neben seiner Brotboutique in der Naglergasse, in der regelmäßig eine Menschenschlange geduldig auf das stadtbekannte Brot wartet, hat Joseph in Wien-Mitte nun auch eine Location – die mehr als nur Brotverkauf bietet und neben Bäckerei und Patisserie auch Lokal und Bistro ist. Kurz gesagt, es ist der neue place to be für ein Frühstück in Wien. In der großen Glasvitrine liegen gutaussehende Brote, pikantes und süßes Gebäck und nicht zu vergessen die von „glücklichen Kühen" produzierte Joseph's Biomilch. Die Frühstückskarte macht am Wochenende auch Langschläfer bis 15 Uhr glücklich und könnte wohl kein besserer Start in den Tag sein: Wachauer Marillenmarmelade, Blütencremehonig, Honig-Lavendelbrot, Urlaib-Vollkornbrot, saisonales Gemüse, Cottage-Cheese mit Kräuterpesto, Büffelbutterkäse, Camembert mit Bockshornkleesamen sowie drei verschiedene Sorten von Freiland Eiern. Die biologische Herkunft der Zutaten versteht sich hier von selbst. Abends verwandelt sich das Josephs in ein Bistro und hat mit Beef Tatar, knusprigem Urlaib mit Schweinsbraten oder einer herrlichen Gansl mit Quitten-Rotkraut auch einiges zu bieten! Aber kein Wunder, der Koch Christoph Fink bekochte zuvor die schwedische Botschaft.

Joseph – Landstraßer Hauptstraße 4 – Wien
www.joseph.co.at

WEEKEND

»Joseph ist der place to be für Frühstück in Wien.«

„Hätte man nur einen Abend in Wien, man würde ihn ohne Frage hier verbringen."

# SKOPIK & LOHN

WELTOFFEN · KLASSISCH · CHARMANT

Seit 2006 gibt es das Skopik & Lohn in Wien – und mit ihm ein Stück von der großen weiten Welt. Das Credo ist sofort klar: nichts Überflüssiges. Stattdessen holzvertäfelte Wände, weiße Tischtücher, Holzstühle und Kugellampen. Der einzige Ausreißer in Richtung Dekoration ist das Deckengemälde „Wildes Gekrakel" von Otto Zitko, in dem man sich, lässt man den Blick nach oben schweifen, auch schnell mal verlieren kann. Die Küche bietet Klassiker wie Gillardeau-Austern mit Cheddar-Pumpernickel, Blutwurst mit Krenpüree oder Steak Frites mit Sauce Bernaise, aber auch Modernes wie Spargelmousse mit Kresse oder Ravioli mit Paprika und Zitronenthymian und ist in der Zubereitung und Präsentation genauso auf den Punkt wie moderat bei den Preisen. Serviert von freundlichen Kellnern in weiß, die ganz wunderbar zu dem Französisch-Ocker des Raumes passen. Und Horst Scheuer, der verschmitzte Gastgeber und charmante Oberkellner, ist die gute Seele dazu. Im Sommer lassen sich all die Köstlichkeiten auch wunderbar auf der Terrasse genießen.Hervorragendes Essen, die entzückende Kellner-Brigade und die weltoffene Brasserie-Atmosphäre lassen das Skopik & Lohn aus der Wiener Gastroszene nicht mehr wegdenken. Hätte man nur einen Abend in Wien, man würde ihn ohne Frage hier verbringen.

Skopik & Lohn – Leopoldsgasse 17 – Wien – 2. Bezirk
T: +43 (0)1 2198977 – www.skopikundlohn.at

ZUM SCHWARZEN KAMEEL
seit 1618
Restaurant - und Weinhan
ehem. k.k.

# ZUM SCHWARZEN KAMEEL

KLASSISCH · ERLESEN · LEBENDIG

Es gibt einen Ort, den Sie in Wien – egal zu welcher Tageszeit – ansteuern können, sollen, ja müssen, wenn Sie das geringste Gefühl von Hunger, Durst oder ein Anflug von Einsamkeit plagt. Die Bognergasse 5: Dort steht seit 1618 das Schwarze Kameel. Ursprünglich nur Geschäft für Delikatessen und Weine, bietet der ehemalige Hoflieferant seit mittlerweile 100 Jahren auch ein vorzügliches Restaurant im wunderschönen Jugendstil-Dekor und eine lässige Bar mit köstlich belegten Broten, Brötchen und den bekannten Wiener Canapés. Das Prozedere ist folgendermaßen: Sie treten ein, wählen einige der verführerischen Schnittchen aus, wandern mit Ihrem Tellerchen an die Bar, wo Sie sich ein Glas Wein oder einen Kaffee bestellen und Sie zahlen am Schluss an der das rege Treiben überblickenden Kasse, an der Peter Friese, der ungemein sympathische und im Hintergrund alle Fäden ziehende Chef, als unauffälliger Impresario thront. Verpassen Sie es auf keinen Fall, den einmalig saftigen, gekochten Schinken zu probieren und sich eine große Portion davon, durch Vakuumieren reisetauglich gemacht, mit nach Hause zu nehmen. Denn einen besseren Schinken werden Sie nirgendwo anders finden. Und schauen Sie auch unbedingt in Hausnummer 6 und 7 vorbei. Im Feinkostladen und der Patisserie finden Sie feine Delikatessen und Mitbringsel vom Schwarzen Kameel.

Zum Schwarzen Kameel – Bognergasse 5 – Wien – 1. Bezirk
T: +43 (0)1 533812511 – www.kameel.at

„Verpassen Sie es auf keinen Fall, den einmalig saftigen, gekochten Schinken zu probieren."

ZUM SCHWARZEN KAMEEL
seit 1618
Restaurant

„Ein bisschen Ethno, ein wenig Industrieschick, dazu ein Hauch französischer Landhausstil und viel Vintage."

# 1300 TABERNA

STYLISCH · INTERNATIONAL · LÄSSIG

Man kommt sich gar nicht wie in Portugal vor. Eher wie im Meatpacking District in New York oder irgendwo auf einer stylischen Brache in Berlin. Denn das Restaurant liegt im Schatten der Brücke Ponte 25 de Abril und auf einem ehemaligen Fabrikgelände, der LX Factory, wo heute mehr als 150 Ateliers, Cafés, Agenturen, Designstores, Galerien und eben Restaurants untergebracht sind – und das 1300 Taberna gehört zu den spektakuläreren. In einer ehemaligen Lagerhalle hat es allen Platz der Welt und auf dem tobt es sich in den unterschiedlichsten Stilen aus. Ein bisschen Ethno, ein wenig Industrieschick, dazu ein Hauch französischer Landhausstil und viel Vintage. Dicke, silberne Industrierohre ziehen sich unter der Decke entlang, dazwischen hängen marokkanische Kronleuchter, die Tische und Stühle sind mal schwarz, mal rot lackiert und die offene Küche, in der ein großes, geschäftiges Team hantiert, ist mit rauem Holz verkleidet. Genauso abwechslungsreich wie das Interieur ist auch die Küche, die von Pasta mit Pilzen und Kürbis oder Rissotto mit Spargel und Zucchini zu dem Stockfisch-Klassiker Bacalhau reicht, der hier mit Eiersoße, Petersilien-Gel, Paprika und gegrillten Zwiebeln einen ganz eigenen Touch bekommt. Ganz so wie die Ente mit Karottenpüree, roter Beete und Orange oder die gegrillte Schweineschulter mit Sellerie, Blutwurst und Apfel. Ein paar Plätze gibt es auch draußen. Das Leben aber findet auch an warmen Sommerabenden drinnen statt.

1300 Taberna – Rua Rodrigues Faria 103 – Lissabon-Alcântara
T: +351 21 3649170 – www.1300taberna.com

„Die Dachterrasse ist toll, der Ausblick fantastisch."

# THE INSÓLITO

EIGENSINNIG • BELIEBT • HISTORISCH

Die Dachterrasse ist toll, der Ausblick fantastisch. Aber auch sonst kann das Insólito, das eines der It-Places der Stadt ist, sich sehen lassen. Sehr sogar – und auch wegen des eigensinnigen Interieurs, bei dem historische Pracht auf Vintage trifft, Ölschinken auf halb abgerissenen Tapeten hängen, Sixties-Filmplakate neben großen Holzgiraffen lehnen, die Deckenbalken freigelegt sind – und wo man an kleinen Tischen, einem Communitytable oder an der Bar sitzt. Und mit etwas Glück oder einer Reservierung auch einen Platz an den langen Esstischen draußen ergattern kann. Während Rosinenbrot mit Olivenöl serviert wird, es verschieden eingelegte Eier gibt, ist das Couscous mit roter Beete, Rucola, Mungobohnen und Korianderpesto ebenso gut wie das Thunfischsteak mit Morcheln, Pak Choi und süßer Sojasoße. Die ausgezeichnete Weinkarte kommt mitsamt gekonnter Beratung – und es gibt zahlreiche Cocktails, die perfekt als Sundowner passen. Insólito bedeutet Ungewöhnlich, und das trifft auch auf das gesamte Haus zu, einst das hochherrschaftliche Zuhause einer Adelsfamilie, die hier den ersten Personenfahrstuhl Lissabons einbauen ließ. Bis heute kann man mit ihm noch oben zockeln. In dem prachtvollen Gebäude ist zudem The Independente untergebracht, das gleichzeitig Hotel mit Suiten und Hostel mit Schlafsälen ist, und darüber hinaus liegt im Erdgeschoss das Restaurant The Decadente.

The Insólito – Rua de São Pedro de Alcântara 83 – Lissabon-Bairro Alto
T: +351 21 1303306 – www.theinsolito.pt

# PARK BAR

LÄSSIG · URBAN · MITTENDRIN

Reichlich Grün in riesigen Holzkästen, eine lässige Lounge-Atmosphäre und dazu großartige Blicke: Auf dem Dach eines Parkhauses in der Altstadt Barrio Alto geht es von mittags bis tief in die Nacht äußerst lebhaft zu. Im Mittelpunkt stehen dabei nicht nur die kunterbunten Lissabonner Gäste, die sich hier ganz entspannt in den aus Latten gezimmerten Holzsesseln und Sofas aalen, sondern auch der Ort selbst ist ein Erlebnis. Im Urban-Berlin-Style und wie ein Dachgarten gestylt, mit kleinen Bäumen und wehenden Gräsern, hat man von hier aus nicht nur eine wunderbare Aussicht auf den Rio Tejo mit seiner berühmten Brücke, sondern auch auf die hübsch verschnörkelten Glockentürme der berühmten Kirche Igreja de Santa Catarina. Ein perfekter Platz, der in kürzester Zeit zum Lieblingsort vieler Einheimischer wurde. Hier hat man die Stadt unter sich und ist gleichzeitig mittendrin und genießt das bei Cocktails, Vinho Verde und Artisan Beer. Dazu gibt es ein Angebot an Burgern, die man wahlweise mit Fleisch, Fisch oder Soja bestellen kann. Es ist nicht möglich zu reservieren, aber selbst wenn es etwas voll ist, lohnt es sich zu improvisieren und sich auf einen der Blumenkübel zu setzen oder einfach etwas zu warten. Am Wochenende legen regelmäßig DJs auf, und ab und zu werden auch Filme projiziert. A place to be!

Park Bar – Park Calçada do Combro 58 – Lissabon-Bairro Alto
T: +351 21 5914011

» Ein perfekter Platz, der in kürzester Zeit zum Lieblingsort vieler Einheimischer wurde. «

PATRON

BACARDI
N.241
TEQUILA
PATRON

PAR

» Köstlich ist der Schokoladenkuchen, der stilecht von einem Portwein begleitet wird. «

# CAFÉ MAJESTIC

ALTEHRWÜRDIG • ÜPPIG • BERÜHMT

Ein Türsteher in Robe lässt einen hinein in dieses altehrwürdige Café, von dem man sagt, dass es zu den schönsten der Welt gehört. Und selbst die vielen Touristen, die hier gemütlich neben älteren Portugiesinnen sitzen, die ein Kaffeekränzchen abhalten, können dessen Grandezza nicht trüben. 1921 eröffnet, wurde sein üppiges Jugendstildekor schnell berühmt, die verzierte Decke, die mit Leder bezogenen Sitzbänke und vor allem die mit Spiegeln überzogenen Wände, in denen sich die Szenerie ins Unendliche wiederholt. Schnell wurde es der Treffpunkt der Bohemians, der Intellektuellen Portos und auch der Damen der höheren Gesellschaft. Bis heute ist es ein Lieblingstreffpunkt der Einheimischen und zudem wird gemunkelt, dass J.K. Rowling hier Teile von Harry Potter geschrieben hat. Auch wenn draußen in der Fußgängerzone Tische stehen, setzt man sich natürlich nach Innen, wo selbst die Holzbänke Schmuckstücke sind, und bestellt sich am besten etwas Süßes. Hinten in den gläsernen Vitrinen kann man einen Blick darauf werfen. Ein Klassiker ist der Käsekuchen mit roten Früchten, die Rananada, eine Créme aus Rosinien, Pinienkernen, Walnuss und eingeweichtem Brot. Köstlich ist der Schokoladenkuchen, der stilecht von einem Portwein begleitet wird, am besten von dem zehn Jahre alten Porto Majestic Tawny. Etwas die Straße hoch liegt die komplett mit Azulejos verzierte wunderschöne Kirche Capela das Almas (Rua de Santa Catarina 428).

Café Majestic – Rua Santa Catarina 112 – Porto
T: +351 22 2003887 – www.cafemajestic.com

FABRIQUE
Fabrique
STENUGNSBAGERI

# FABRIQUE STENUGNSBAGERI

HIMMLISCH · HANDGEMACHT · LEBENDIG

Mit viel Liebe und Zeit wird in der Fabrique Stenugnsbageri das beste Sauerteigbrot von Schweden gebacken, natürlich im Steinofen. Ob aus Weizenmehl als Levain oder aus Roggenmehl als Rågsur – hier stimmt nicht nur die lockere und doch saftige Konsistenz, auch das Aroma und die knackige Kruste sind perfekt. Nicht weniger köstlich und vor allem nicht weniger verlockend sind die Zimtschnecken. Wer genug von Zimt hat sollte die ebenso köstlichen Kardamomschnecken probieren, himmlisch! Die Bäckerei hat sechs kleine Filialen über die Stadt verstreut, so dass man bei jedem doch so kleinen Hungergefühl sich schnell ein Bullar holen kann. Wer wissen will, wie richtiges Brot schmeckt, sollte sich die sensationelle Brotbackkunst von Fabrique Stenugnsbageri auf jeden Fall nicht entgehen lassen. Für alle, die sich selbst im Sauerteigbrot backen probieren möchten – einfach mit einem sauberen Weckglas in die Ursprungsfiliale in der Rosenlundsgatan kommen und dort eine eigene Sauerteigproduktion mitnehmen! In der Hauptfiliale in Södermalm gibt es neben Kaffee und coolem Interieur Design mit gefliesten Kacheln und großen Industrielampen eine offene Backstube, in der man den Bäckern bei der Arbeit zuschauen kann und riesige Levain Laibe aus dem Steinofen anhimmeln kann.

Fabrique Stenugnsbageri – Rosenlundsgatan 28 – Stockholm-Södermalm
T: +46 8 390525 – www.fabrique.se

„Mit viel Liebe und Zeit
wird hier das beste Sauerteigbrot
von Schweden gebacken."

Fabrique Bar
Pain 28:-
chocolate
Croissant
28:-

# CENTOVALLI

IDYLLISCH • LEIDENSCHAFTLICH • LOKAL

Jeder Platz an den langen Tafeln unter der dicht von Wein umrankten Pergola ist besetzt und doch ist es erstaunlich ruhig. Ab und zu ein „mmmhhh" oder glückliches Gemurmel – ansonsten herrscht gefräßiges Schweigen. 20 000 Portionen Steinpilz-Risotto servieren Silvia und Renato jedes Jahr, denn kaum einer, der hierherkommt, bestellt etwas anderes. Käme es doch einer Sünde gleich, das Risotto der Gobbis zu verschmähen. Es gilt als das beste Risotto des Tessins. Es ist genau auf den Punkt, hat die richtige Bissfestigkeit und ist doch cremig und sämig. Wie diese perfekte Konsistenz e reicht wird, ist ein Familiengeheimnis, welches trotz Flehen und Betteln nicht verraten wird. Renato und Silvias Vater, der eigentlich Elektriker, aber leidenschaftlicher Hobbykoch war, hat das Rezept aus dem Piemont mitgebracht und so lange daran herumgetüftelt, bis es perfekt war. Ziemlich nahe an der Perfektion ist auch alles andere im Haus Centovalli. Das alte Haus, das mittlerweile in der dritten Generation von der Familie Gobbi geführt wird, wurde vor ein paar Jahren renoviert, ohne ihm dabei seinen Charme zu nehmen: Der Stuck und die alten Säulen sind noch sichtbar und in schönem Einklang mit den modernen Kunstwerken von Künstlern aus der Region. Die zehn Zimmer sind modern und geschmackvoll eingerichtet, teils mit eigener Terrasse. Es lohnt sich also nicht nur zum Risotto-Essen herzukommen.

Centovalli – Ponte Brolla
T: +41 (0)91 7961444 – www.centovalli.com

"20 000 Portionen
Steinpilz-Risotto servieren Silvia
und Renato jedes Jahr."

„Es gibt Desserts, die man auch nach Jahren nicht vergisst – wie die Zabaione von Toto Mazzoleni.“

# GROTTO DELL' ORTIGA

URIG · GEMÜTLICH · LAUSCHIG

Es gibt Essen, die man auch nach Jahren nicht vergisst und für die man lange Wege auf sich nimmt, nur um noch einmal in den Genuss dieser Köstlichkeit zu kommen. Dazu gehört auch die Zabaione von Toto Mazzoleni, dem Chef der Osteria dell'Ortiga. Aus einem urigen Steinhaus und einer Scheune im Dorf Manno hat der gelernte Architekt ein elegantes und gleichzeitig gemütliches Restaurant gemacht. Die alten Steinwände sind unverputzt und die groben Holzbalken unverkleidet, doch in Kombination mit den großen Fenstern und Mode-Illustrationen aus den 80er-Jahren erhält das Restaurant einen modernen und mondänen Touch. Es verteilt sich auf verschiedene Ebenen und Häuser, sodass man auch bei kompletter Belegung nicht das Gefühl von Fülle hat. Dafür sorgt dann aber das Risotto, das neben der Zabaione in die Analen der Tessiner Küche eingehen wird. Eine Spezialität im Spätsommer ist das Risotto mit Trauben – saftig und würzig schmilzt es förmlich im Mund. Die Trauben wachsen im Innenhof und überwuchern die Pergola, die die lauschige Terrasse überspannt, auf der man im Sommer wunderschön sitzt. Toto Mazzoleni ist kein gelernter Koch, sondern wie gesagt Architekt. Alles was auf den Tisch kommt, hat er sich selber beigebracht oder von seiner Mutter, Großmutter oder Tanten gelernt. Die Küche ist so, wie er sie selber am liebsten mag: Einfach, aber gut!

Grotto dell'Ortiga – Strada Regina 35 – Manno
T: +41 (0)91 6051613 – www.ortiga.ch

„Es ist wohl eine der schönsten Aussichten, die ein Grotto im Tessin bieten kann.“

# OSTERIA BOREI

FAMILIÄR · TRADITIONELL · ENTSPANNT

In dem Grotto Borei herrscht Frauenpower pur. Am Herd steht Fiorella und ihre beiden Töchter Sara und Elisa schmeißen das Restaurant. Sie sind die dritte Generation von Frauen aus der Familie Battistessa, die die Gäste des Grotto mit selbst gemachten Gitzi, Kürbisravioli, Rinderschmorbraten oder Risotto verwöhnen. Dazu gibt es Weine aus der Region. Gegründet wurde das Grotto von Fiorellas Mutter Ersilia in den 70er-Jahren, die beschloss, für die vorbeiziehenden Wanderer einen Ort der Erholung und der Stärkung zu schaffen. Und was für ein Ort! Das Grotto Borei liegt weit oberhalb Brissagos und bietet einen spektakulären Blick auf den Lago Maggiore sowie die Gipfel Cardada, Pizzo Vogorgno, Comoghé, Monte Tamaro. Bei guter Sicht erkennt man sogar die Schlösser von Bellinzona. Es ist wohl eine der schönsten Aussichten, die ein Grotto im Tessin bieten kann. Man sitzt auf kleinen Terrassen und Sitzecken, die auf verschiedene Levels verteilt sind, mitten im Grünen, die Sonne im Gesicht und unter einem der funkelnde See. Kein Wunder, dass sich Ersilias Betrieb in den letzten 40 Jahren von einer kleinen Wirtschaft zu einem beliebten Ausflugsziel entwickelt hat und angewachsen ist: auf ca. 70 Plätze draußen und 40 im gemütlichen Kaminzimmer. Hinzu kommen die wirklich ausgezeichnete Küche und die tollen Frauen der Familie Battistessa – ein Lieblingsort!

Osteria Borei – Via Ghiridone c.p. 263 – Brissago
T: +41 (0)91 7930195 – www.osteriaborei.ch

Scheggi-
Schnitte
9.50

# ALPENROSE

AUSGEWÄHLT · LIEBEVOLL · TRADITIONELL

Gutes vom schwarzen Schwein, das sich nur mit Eicheln ernährt hat – das klingt doch herrlich – oder aber: Natura Entrecôte vom Rätischen Grauvieh mit gebratenem Sonnenseiten-Ei, Zwiebeln und viel Bio-Gemüse. Das ist jetzt kein Scherz, so steht es Wort für Wort auf der Karte der Alpenrose. Womit schon mal klar ist, dass es sich hier um ausgesprochen sympathische sowie humorvolle Betreiber handeln muss, die besonders viel Wert auf ausgewählte ökologische Produkte legen und diese auch noch köstlich komponieren. Die beiden netten Betreiberinnen heißen Katharina Sinninger und Tine Giacobbo. Tine wirbelt in der Küche und hat definitiv den Schalk im Nacken sitzen. Katharina betreut in dem freundlichen alten Speisesaal liebevoll ihre Gäste. Ein perfektes Team, das seit der Gründung 1994 zusammenarbeitet und großen Respekt nicht nur in Zürich genießt. Die Karte liest sich wie eine Reise zu den besten Schweizer Bauernhöfen, wo Fischer Ruf von der Halbinsel Au die Zürcher Fellchen aus dem Wasser fischt und Metzger Heinzer aus Muothal den Urwaldschinken zubereitet. Verpassen Sie ja nicht die Pizokeli mit Muothaler Speck und zartem Wirsing, sie sind unvergesslich gut. Zum Glück haben wir den Wirtinnen das Rezept entlockt (Seite 47), also müssen Sie nicht bis zum nächsten Zürichbesuch darben. Doch sollten Sie es einmal von Tine selbst probiert haben.

Alpenrose – Fabrikstrasse 12/Ecke Limmatstrasse – Zürich – Kreis 5
T: +41 (0)44 2713919

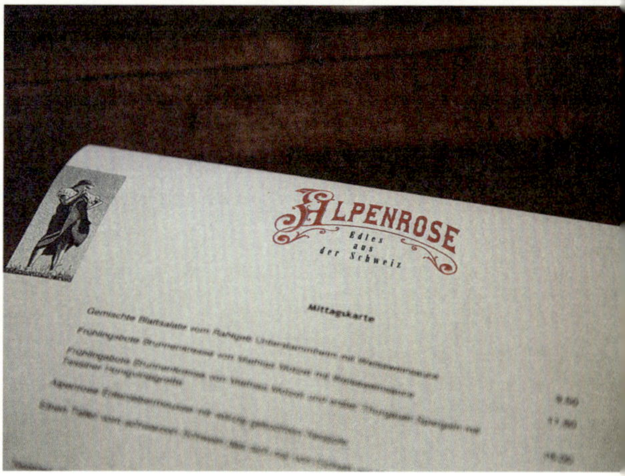


„Die Karte liest sich wie eine Reise zu den besten Schweizer Bauernhöfen.“

Rössli

# BEDERHOF

## ERLESEN· STILVOLL· ORIGINAL

Könnte man doch nur jeden Tag in den Bederhof essen gehen! Jeden Mittag zum Beispiel: mal ein Robbespierre, ein hauchdünnes Rindfleisch auf dem Teller angestockt mit den feinzarten Allumettes oder ein saftiges Wiener Schnitzel, täglich einen Ziegenfrischkäse mit Bohnen, immerzu die Kalbsknochen mit dem gerösteten Landbrot und ohne Ende Pistaziensoufflé, herrlich! Aber das können mal wieder nur die Zürcher aus dem Enge-Viertel, um das wir Reisende sie endlos beneiden! Dabei können das die Zürcher auch noch nicht so lange. Erst im Jahr 2005 hat Erik Haemmerli den alten Bederhof mit dem original Interieur aus den 30er-Jahren übernommen und den hinteren Teil zu einer Bar umgebaut. Der Zugang zum Bederhof führt Sie erst einmal zur Bar. Man könnte mit einem Aperó anfangen, bevor man an einem der weiß eingedeckten Tische in dem rundum verglasten Speiseraum Platz nimmt, um schließlich ein Gehacktes mit Hörnli zu verspeisen. Es versteht sich von selbst, dass Erik Haemmerli zu der edlen Gattung der rastlosen „Trüffelschweine" gehört, die immerzu auf der Suche nach den besten Produkten aus der Region sind. Eine Philosophie, die auch bei den Weinen nicht Halt macht. So stammen die meisten von ihnen von kleinen lokalen Weingütern aus der Schweiz.

Bederhof und Bederbar – Brandschenkestrasse 177 – Zürich-Enge
T: +41 (0)44 2851500 – www.bederhof.ch

"Könnte man doch nur
jeden Tag in den Bederhof
essen gehen!"

» Die Küche von Thomas Donsø macht einfach glücklich. «

# RESTAURANTE PATRÍA

LAUSCHIG • CHARMANT • FAMILIÄR

Hier treffen sich die Expats der Gegend, jede Menge einheimischer Stammgäste und die Glücklichen, die das Patría gerade erst entdeckt haben – und garantiert immer wiederkommen. Denn die Küche von Thomas Donsø, der vor sieben Jahren und nach einem Umweg über Teneriffa mit seiner Frau Åse und den beiden Kindern aus Kopenhagen in die Hügel von Vejer zog, macht einfach glücklich. Während der Blick von der lauschig überdachten Terrasse über eine sanft abfallende Ebene bis hin zum Meer reicht, kann man eine Küche genießen, die mit einem Touch California comfort food versehen ist und dazu dänische und andalusische Einflüsse vereint. Mit strahlendem Charme empfiehlt Åse Spinatkroketten mit Ziegenkäse, die kugelrund, kross und innen wunderbar cremig sind. Der Salat hingegen wird mit Fenchelhummus und einem würzigen Dressing serviert, das Brot ist selbst gebacken. Herrlich und frisch sind die Artischocken mit Knoblauch, Mandeln und Zitrone – und als absolute Krönung kommen schließlich die Ravioli mit Schweinefleisch, Blauschimmelkäse und süßem Sherry. Was für eine Kombination: der würzige Käse samt dem „dulce“ Sherry, deren Aroma sich schließlich durch den hauchdünnen RavioliTeig und das Fleisch zieht. Teilen Sie sich die Gerichte, damit Sie Verschiedenes probieren können. Und lassen Sie sich von Åse einen der guten Sherrys zu den verschiedenen Gerichten empfehlen.

Restaurante Patría – Calle Patría, 48 – La Muela – Vejer de la Frontera – Cádiz
T: +34 956 448463 – www.restaurantepatria.com

# BODEGAS CAMPOS

RUSTIKAL • LEBENDIG • AUTHENTISCH

Für die Einheimischen ist diese Bodega einer der Orte der Stadt, und man sollte ihn sich nicht entgehen lassen. In einer kleinen Straße, nicht weit von der Mezquita entfernt, liegt das Restaurant mit seiner Tapas-Bar und seinen Wein und Sherrykellern. Dicht an dicht steht man an der Theke, unter unzähligen Torero Porträts und genießt die besten Tapas Córdobas. Die Mischung der Gäste ist bunt und durchaus auch elegant, die Atmosphäre lebendig und die Lautstärke hoch. Seit 1908 wandert hier bester Jamón Ibérico über den Tresen, Frituritas de la casa con salmorejo, kleine frittierte Fischchen mit pürierter Tomatensuppe, Patatas de cortijo con picadillo de chorizo, deftige Kartoffeln mit Wurst, und köstliches hausgemachtes Orangeneis, dazu werden beste Weine und Sherrys serviert. In der Bodega kann man sich verlieren. An die Bar schließt sich das Restaurant mit gleich mehreren Räumen an, dazu ein Deli, in dem Jamón Ibérico, Salamis, Öle und Käse verkauft werden, und hinten durch geht es in Katakomben voller Holzfässer, wo Weinproben stattfinden. Rustikal, gemütlich und sehr authentisch ist es hier und am schönsten in dem Gewirr vorne an der Bar. Man merkt, dass der Ort nach und nach gewachsen ist, unterschiedlichste Gemälde hängen hier dicht an dicht und zahlreiche Zeichnungen und Fotografien, die zeigen, wer im Laufe der Jahre schon alles zu Gast war, das spanische Königspaar inklusive.

Bodegas Campos – Calle de los Lineros, 32 – Córdoba
T: +34 957 497500 – www.bodegascampos.com

CAMPOS &
COVAP - Shop

»

Unter unzähligen Torero-
Porträts genießt
man hier die besten
Tapas Córdobas.

«

BODEGA 190
VERMOUT
ORIGINA
TORINO

# BODEGA 1900

## AUTHENTISCH · LEBENDIG · FRISCH

Ein Traum von einer Tapas-Bar: Hier geht es weniger um überambitionierte Innovationen, mit denen die Gäste beeindruckt werden sollen, sondern vielmehr um das Zelebrieren wirklich guter Produkte. Fast alle Tapas haben eine kleine Besonderheit, mit der sie sich vom Durchschnitt abheben, und bleiben dennoch authentisch. Und natürlich lecker. Ob Tomatensalat, Muscheln, selbst gemachte Pasten für das frische Brot, Fleisch oder Gemüse, auf jedem Tellerchen und in jedem Schälchen wartet ein mit Liebe und Können zubereiteter Leckerbissen. Kopf des Ganzen ist der Meister Albert Adrià, der Bruder vom noch größeren Meister Ferran Adrià. Der Chef und sein junges Team geben dem Essen und auch dem lebendigen, frischen Ambiente die entscheidende Note. Enthusiasmus und pure Lust am Kochen und Genießen, darum geht es hier, und das überträgt sich auch auf die ausgelassene Stimmung der Gäste. Tipp: Schon kurz vor 13 Uhr kommen, also kurz bevor sich die Türen öffnen, dann lässt sich meist noch ein Platz an einem der kleinen Tische oder am Tresen ergattern.

Bodega 1900 – Carrer Tamarit, 91 – Barcelona – Ciutat Vella
T: +34 93 3252659 – ca.bodega1900.com

„Enthusiasmus und pure Lust am Kochen und Genießen, darum geht es hier."

MARCHAR
CLIENTE
H: 13:35:10

MARTINI
VERMOUTH
TORINO

„Ein Klassiker in Barcelona, den man schlichtweg nicht verpassen darf."

# CERVECERIA CIUDAD CONDAL

KLASSISCH · ELEGANT · LEBENDIG

Dieses Restaurant ist ein Klassiker in Barcelona, den man schlichtweg nicht verpassen darf. Dabei ist es fast egal, zu welcher Tageszeit man durch die Tür unter den schwarzen Markisen tritt, denn in der Cerveceria Ciudad Condal gibt es von morgens bis abends empfehlenswerte Gerichte. Der schönste Platz zum Frühstücken ist definitiv die Bar, an der man sich gemütlich auf den dunklen Holztresen lehnen und eines der schlanken Baguettes in allen erdenklichen Ausführungen genießen kann. Dabei kommen Fleischesser eigentlich nicht an dem Ibérico-Schinken vorbei, der so zart und leider auch herrlich fettig ist, dass er förmlich aus dem Brot herausfließt und auf dem Teller einen kleinen Hügel bildet. Dazu gibt es einen Cortado, elegant serviert von den charmanten Barristas hinter der Theke. Für einen Plausch und alle, die so schnell nicht wieder gehen möchten, sind die Tische im hinteren Bereich ideal. Was das bunt gemischte Publikum aus Jung und Alt, Einheimischen und Besuchern eint, ist die Lust auf gute Qualität und gute Stimmung. Wer abends kommt, braucht hier etwas Geduld – für den etwas entspannteren Besuch eignen sich die Morgenstunden und die Phasen zwischen den Stoßzeiten.

Cerveceria Ciudad Condal – Rambla de Catalunya, 18 – Barcelona
T: +34 93 3181997

„Laute Musik gibt es im Dry Martini nicht, es ist die Bar zum Plaudern nach dem Essen.“

# DRY MARTINI & SPEAKEASY

➵ KLASSISCH · STILVOLL · ERFAHREN

Die stilvollste Bar in Barcelona ist die Dry Martini Bar. Sie ist die altehrwürdige Mutter aller Bars mit klassisch gekleideten, erfahrenen Barkeepern und dem besten Dry Martini der Stadt. Er wird nicht gemixt, wie es das Rezept auf dem Spiegel über dem Tresen vermuten lässt. Nein, man bevorzugt eine eigene Hausmischung, in der das Öl der Zitronenschale tropfenweise dem Dry Martini beigegeben wird und auch das Verhältnis Gin zum Vermouth ein anderes ist. Genießen können Sie den Drink an der schönen langen Bar. In einer Gruppe zieht man sich am besten auf die Ledersofas zurück, wo genügend Nischen Raum für alle bieten. Laute Musik gibt es im Dry Martini nicht, es ist die Bar zum Plaudern nach dem Essen. Apropos Essen. Das Speakeasy ist eine privates Restaurant der Bar, für das man reservieren muss. Man bekommt ein Passwort und spricht es beim Eintreten in den Türöffner. Hier finden private Runden statt, aber auch offene gemischte Abende. Es gibt 50 Plätze, doch ohne Reservierung geht es wirklich nicht. Das Wort „Speakeasy" bedeutet Flüsterkneipe und stammt aus New York aus einer Zeit, in der Alkohol nicht ausgeschenkt werden durfte und man sich in den hinteren Räumen flüsternd zum Trinken getroffen hat.

Dry Martini & Speakeasy – CarrerAribau, 162, 166 – Barcelona
T: +34 93 2175072 (Dry Martini), T: +34 93 2175080 (Speakeasy)
www.drymartinibcn.com

# EL CHIRINGUITO

ELEGANT · LÄSSIG · FREUNDLICH

Selten ist ein Name täuschender gewählt als dieser: Chiringuito verheißt eigentlich eine kleine, aus Holz zusammengezimmerte Strandbude, in der es Erfrischungsgetränke und Cocktails gibt, bisweilen auch eine begrenzte Auswahl an einfachen Fischgerichten. Dieser elegante, lässige und sehr große „Chiringuito" vor den Toren der Stadt dagegen lässt keine Wünsche offen. Die Auswahl an frisch gepressten Säften, Cafés bis hin zu Schampus und Cocktails ist wunderbar. Auf den Day-Lounge-Betten können sie herrlich lässig relaxen – oder auch in den Liegen am Strand. An manchen Tagen legen DJs auf. Die Karte könnte man sich glatt über den eigenen Herd hängen, denn fast alle frischen, leichten Lieblingsgerichte sind auf ihr versammelt. Ein heller, freundlicher und großzügiger Ort, um in wenigen Minuten westlich von Eivissa unter den Schönen und Reichen einen Strandtag einzulegen. Der Strand ist in diesem Fall weniger die Hauptattraktion als das Chiringuito selbst. Das Schönste: Anders als viele Beach-Clubs in der Nähe der Stadt liegt es allein an einem Strandabschnitt. So erspart man sich das Gedränge auf den nervigen und hässlichen Großparkplätzen. Und Kurzentschlossene können sich an der kleinen Bude vor dem Beach-Club sogar noch mit wunderschönen Strandtüchern und auch Badesachen eindecken.

El Chiringuito – Es Cavallet – Sa Revleta – Sant Josep de sa Talaia
T: +34 971 395355 – www.elchiringuitoibiza.com

„Die Karte könnte man sich glatt über den eigenen Herd hängen, fast alle Lieblingsgerichte sind auf ihr versammelt."

# SES BOQUES

## ➛ UNPRÄTENTIÖS • RUSTIKAL • HAUSGEMACHT

Kurve um Kurve schlängelt sich die Straße schier endlos bergab, bis mit einem Mal das Strandrestaurant Ses Boques versteckt in Es Cubells vor einem liegt. Köstliche Fischgerichte werden hier direkt am Strand frisch zubereitet. Ein Fischer fährt täglich mit seinem Profiboot hinaus aufs Meer und beliefert exklusiv das Restaurant seines Schwagers. Frischeren Fisch bekommen Sie nirgendwo sonst. Die beste Paella der ganzen Insel wird in dem unprätentiösen Familienrestaurant auf den Tisch gezaubert, und selbst die Sangria ist inselweit unübertroffen. Dabei stehen auf einer rustikalen Holzterrasse lediglich ein paar einfache Holztische unter einem Schilfdach und den Pinien. Die Papieruntersetzer hat ein Künstler zum Dank für das leckere Essen und die schönen Stunden am Meer entworfen. So liebenswert nonchalant das Restaurant und die Gäste auch sein mögen, selbst teure und exquisite Langusten können Sie hier bekommen und natürlich Fische in allen Varianten, gegrillt, gebraten oder duftend aus dem Ofen. Dazu werden leckere, hausgemachte Kartoffelchips gereicht. In der einsamen Bucht sind ein paar Liegen am Strand aufgebaut. Während der Fisch im Ofen gart, können Sie chnell noch am Kieselstrand ins Meer hüpfen und eine Runde schwimmen.

Ses Boques – Ses Cubell
T: +34 606 081570

»Die beste Paella der ganzen Insel wird in dem unprätentiösen Familienrestaurant auf den Tisch gezaubert.«

# PALOMA CAFÉ

CHARMANT · INTERNATIONAL · PARADIESISCH

Unter niedrigen Zitrusbäumchen stehen wie in einem Paradiesgarten die Tische im Paloma Café. Die Hippie-Seite Ibizas kommt hier mit einem betörend einfachen, bestens funktionierenden Konzept zusammen: nette Menschen, ein freier, lebendiger Ort, ein wunderbarer Garten und frische, leichte Snacks. Mittlerweile ist das Paloma Café kein Geheimtipp mehr, sondern einer der hippesten Treffpunkte auf Ibiza – für schlichtweg alle: von den Promis bis zu den Hippies aller Generationen. Ein guter Ort, um stundenlang mit Freunden im Schatten zu sitzen und den Tag zu verplaudern. Hier und da sitzt jemand allein mit seinem Laptop oder Tagebuch an einem Tisch, schreibt, schaut, fotografiert, daneben vergnügt sich eine größere Runde. Dem Charme des Paloma Cafés entzieht sich so schnell keiner. Ein junges, internationales Team flitzt zwischen den Tischen umher, bringt frische Salate, Sandwiches, köstliche, frisch gepresste Säfte oder einen Café. Allein die vielen verschiedenen Sprachen, die an manchen Tagen unter den Zitrusbäumchen zu hören sind, sind klangvoll und inspirierend wie Musik.

Paloma Café – Apartado 156 – Sant Llorenç de Balafia
T: +34 971 325543

„Das Paloma Café ist kein Geheimtipp mehr, sondern einer der hippesten Treffpunkte auf Ibiza.“

# CA NA TONETA

➛ REGIONAL · FAMILIÄR · WINZIG

Charmantes Stimmengewirr flirrt aus der winzigen Küche. Die vier Frauen arbeiten hier auf allerengstem Raum. Aus besten regionalen Bio-Zutaten zaubern sie jede Woche neu ein Sechs-Gänge-Menü. In diesem kleinen, verwinkelten Haus sind Erzeuger und Produzenten die heimlichen Stars. Auch wenn das Team um Maria Solivellas und ihre Schwester Teresa mit ihrem Slow-Food-Konzept längst von den Medien entdeckt worden ist. Davon ist den Frauen aber nichts anzumerken. Am liebsten würde man gleich bei ihnen in der Küche essen. Der Wohlfühlfaktor ist enorm. Fast das ganze Jahr über versorgt der hauseigene Garten in der Nähe von Caimari die Küche mit frischen Kräutern, Obst und Gemüse – allein zehn verschiedene Tomatensorten bauen Maria und Teresa an. Die Insel soll geschmacklich erlebbar werden, jeder Bissen nach Mallorca schmecken. Das ist ihr Anspruch. Die Oliven legt die Mutter ein, das ausgezeichnete Olivenöl produzieren der Onkel und Cousin. Die Fische und das Fleisch kaufen sie direkt bei den Fischern, Bauern und Metzgern. Genauso kreativ ist die Gestaltung des winzigen, verwinkelten Restaurants. Die Wände werden jedes Jahr neu bemalt. In lauen Nächten und in großer Runde ist es auf der Terrasse unter den Weinreben besonders schön.

Ca na Toneta – Horitzó 21 – Caimari
T: +34 971 515226 – www.canatoneta.com

„Aus besten regionalen Bio-Zutaten zaubern die vier Frauen jede Woche neu ein Sechs-Gänge-Menü."

"

Herrlich, unter dem
Schilfdach zu sitzen und den
fantastischen Blick auf das
türkisfarbene Meer zu genießen.

"

# CA'S PATRÓ MARCH

## ➵ EINFACH · IDYLLISCH · MALLORQUINISCH

Auf der Terrasse über dem Meer, die in der Bucht von Deià liegt, ist immer die Hölle los. Eine Fischerfamilie führt seit Jahren dieses gut gehende einfache Restaurant. Zehn Meter tiefer funkelt das Wasser, kreuzen Boote umher und platschen die Wellen an die Felsen. Ein herrlicher Ort, um sich in der idyllischen, steinigen Bucht von Deià einen frischen Fisch schmecken zu lassen. Die Spezialität des Hauses ist der Pescado a la plancha. Gut für den kleineren Hunger sind auch einige Vorspeisen: Vor allem die mallorquinische Spezialität Croquetas de jonquillo gehört zu den kulinarischen Highlights. Die winzigen kleinen Fischchen werden mit Ei und Petersilie ganz einfach zu köstlichen kleinen Kroketten ausgebacken. Die Winzlinge dürfen allerdings nur streng reguliert gefangen werden, daher stehen sie nicht immer auf der Speisekarte. Erfrischend sind auch die Boquerones en vinagre, gut auch die Chipirones. Allein der Salat schmeckt anderswo sicher besser. Unter dem Schilfdach in den Plastikkorbstühlen an einfachen Holztischen zu sitzen und den fantastischen Blick auf die Bucht und die Boote und das glasklare türkisfarbene Meer zu genießen, ist herrlich – sehr schön auch in der Abenddämmerung und zum Sonnenuntergang.

Ca's Patró March – Cala de Deià – Deià
T: +34 971 639137

» Jason Lilley ist in der ganzen Stadt bekannt für seine Backkünste. «

# JASON BAKERY

HIPP · ARTISAN · MODERN

Jason Lilley ist in der ganzen Stadt bekannt für seine Backkünste: Er ist der Mann, der das Brot aus seiner Nebenrolle als Beilage herausgeholt und ihm seine eigene Bühne geboten hat: Jason Bakery. In seiner Bäckerei, die gleichzeitig ein Restaurant ist, steht das Brot im Vordergrund. Man kann wählen zwischen Sauerteig, Ciabatta, Sonnenblumenkernen, Maismehl und vielen anderen Sorten. Dazu gibt es köstliches, selbst gemachtes Humus, eine Tapenade aus schwarzen Oliven, Aioli, Pesto, Butter mit geräucherter Paprika und schwarze Oliven. Doch auch wer mehr möchte als nur eine Kleinigkeit wird fündig. Eine Spezialität des Hauses und auch des Landes ist das „Bunny Chow" – ein Brioche, in der Mitte ausgehöhlt und, bei Jason, mit Kaninchenconfit gefüllt. Zum Brot gesellen sich zwei weitere B's: Bier und Bubbles (südafrikanischer Name für Champagner, Sekt und Co.). Von der Einrichtung her erinnert die Bäckerei an eine skandinavische Hütte. Die Wände sind aus ungeschliffenen Holzbalken, dazu eine Betonbar und filigrane Barstühle. Draußen gibt es weitere Tische, die zur hippen Bree Street hinausgehen.

Jason Bakery – 185 Bree Street – Kapstadt
T: +27 (0)21 4245644 – www.jasonbakery.com

# THE POTLUCK CLUB

ANGESAGT • EXQUISIT • INTERNATIONAL

Alle reden darüber und die Tische sind Wochen vorher ausgebucht – der Potluck Club von Luke Dale-Roberts ist das Restaurant in Kapstadt. Einen Teil seines Ruhms hat er auf jeden Fall seiner exquisiten und gleichzeitig angesagten Lage zu verdanken. Das Restaurant ist ganz oben in der Old Biskuit Mill in Woodstock untergebracht und bietet mit seinen drei Glasfronten einen spektakulären Blick über die Stadt. War die Gegend vor ein paar Jahren noch absolute „No-Go Area“, zumindest für Weiße und Touristen, so ist Woodstock heute Zentrum der Kreativszene. Die Tatsache, dass der Potluck Club hier nun seine Türen geöffnet hat, ist ein deutliches Zeichen für die fortschreitende Gentrifizierung des Bezirks. Dem Gebäude entsprechend ist das Interieur des Restaurants industriell – mit schwarzen Wänden, einer offenen Küche, einer rustikalen Holztheke und einem Meer von Lampen. Ebenso zeitgemäß wie die Einrichtung ist auch das Konzept. Die Küche ist eine Fusion Asiens mit Südafrika. Es werden zum Beispiel Entenbrust mit Naartje und Yuzu Dressing, Fisch-Taccos oder frittierte Tintenfische aufgetischt. Pro Person sollte man auf jeden Fall 3-4 Gerichte bestellen. Eine Alternative zum Dinner im Potluck Club ist der sonntägliche Brunch. Während unten der Old Biscuit Mill Market tobt, thront man über den Dingen und genießt Churros, Austern oder Wildpilze auf Toast.

The Potluck Club – The Old Biscuit Mill, 373-375 Albert Road – Kapstadt-Woodstock
T: +27 (0)21 447 0804 – www.thepotluckclub.co.za

„Von hier oben hat man einen spektakulären Blick über die Stadt."

# THE BUNGALOW

LEBENDIG · STILVOLL · MARITIM

Die wohl wichtigste Tageszeit in Kapstadt ist die Stunde des Sonnenuntergangs, wenn sich der Himmel von einem sanften Rosa über Lila, Pink bis hin zu einem knalligen Orange verfärbt. Am besten lässt sich das Farbspektakel mit einem kühlen Glas Weißwein, frisch gegrilltem Fisch und in guter Gesellschaft genießen. Der perfekte Ort dafür ist The Bungalow. Das Club-Restaurant thront hoch über Clifton Beach und bietet einen großartigen Blick auf das Meer. Insbesondere an Wochenenden, wenn Live-DJs auflegen und sich das Restaurant mehr und mehr in einen Club verwandelt, lockt The Bungalow nicht nur Sonnenanbeter, sondern auch die Jungen, Reichen und Schönen der Stadt an. Die beliebtesten Plätze im Sommer befinden sich in der Open-Air-Lounge unter der weißen Pergola, direkt an den Klippen. Weiß eingedeckte Tische, tropische Holzstühle und dunkelblaue Kissen sorgen für die richtige Stimmung. Der Innenbereich ist im Sommer ebenfalls komplett geöffnet, wenn auch überdacht. Im Winter lassen sich die Fronten schließen und ein lodernder Kamin sorgt für Wärme und Gemütlichkeit. Wir empfehlen den Bungalow-Salat, der in einer großen Holzschale serviert wird, gefolgt vom Klipfisch – eine regionale Spezialität, die sich durch weißes, saftiges Fleisch auszeichnet. Insbesondere an Wochenenden abends ist eine Reservierung unumgänglich.

The Bungalow – Glen Country Club – 3 Victoria Road – Kapstadt-Clifton
T: +27 (0)21 4382018 – www.thebungalow.co.za

» Das Club-Restaurant thront hoch über Clifton Beach und bietet einen großartigen Blick auf das Meer. «

„Erst bei einem Blick auf das Tagesmenü dämmert es einem, dass hier etwas ganz Besonderes wartet.“

# OEP VE KOEP

REGIONAL · BESCHAULICH · PERSÖNLICH

Das Oep ve Koep ist einer dieser Orte, die man an einer ganz anderen Stelle und in einem ganz anderen Kontext vermuten würde: z.B. in irgendeinem In-Stadtteil einer skandinavischen Metropole. Doch ganz bestimmt würde man nicht im Garten des gemütlichen Tante-Emma-Ladens im beschaulichen Paternoster danach suchen. Umso größer ist die Überraschung, wenn man vorbei an Emailleschüsseln, Leinengeschirrtüchern und selbst gemachter Marmelade in den Garten geht. Noch lassen die bunt zusammengesuchten Tische und Stühle nichts vermuten. Erst bei einem Blick auf das Tagesmenü dämmert es einem, dass hier etwas ganz Besonderes wartet. So stehen in ordentlicher Handschrift auf der Tafel beispielsweise Westküstenaustern, eingelegter weißer Fisch mit Eiskraut und Grapefruit und eine vegetarische Variante des südafrikanischen Hackbratens (Bobotie) aus Mais. Hinter diesem Wundergarten steckt Kobus van der Merwe, der nach Jahren im Ausland beschloss nach Hause zu kommen und sein eigenes Restaurant zu gründen. Bewusst entschied er sich gegen Kapstadt oder Johannesburg und für den kleinen Garten, der an den Tante-Emma-Laden seiner Mutter grenzt. Hier kann er sich auf das konzentrieren, was er wirklich machen möchte: Kochen! Am liebsten mit frischen Zutaten aus seinem eigenen Gemüsegarten, frisch gefangenem Fisch, Meeresfrüchten und anderen Spezialitäten aus der Region.

Oep ve Koep – St. Augustine Road – Paternoster
T: +27 (0)22 7522105 – facebook.com/oepvekoep

„Ein Muss für Feinschmecker und viel mehr als eine Bäckerei."

# SCHOON DE COMPANJE

➛ RUSTIKAL · DETAILVERLIEBT · TRADITIONELL

Die Bäckerei Schoon de Companje in Stellenbosch ist ein Muss für Feinschmecker und viel mehr als eine Bäckerei. Zwar sind das frisch gebackene Brot, der noch warme Kuchen und die fluffigen Croissants die Spezialität der Familie Schoon und der Ursprung ihres Erfolgs, doch mittlerweile ist zu der Bäckerei eine ethisch vertretbare Metzgerei, ein Eisstand mit handgefertigtem Eis und ein Restaurant gekommen, in dem man all die Köstlichkeiten probieren kann. Der Eckladen ist eingerichtet wie eine Miniatur-Markthalle mit mehreren Ständen, an denen die verschiedenen Waren angeboten werden. Eine steile Treppe führt hoch auf eine Galerie, auf der einige wenige Sitzplätze sind, von denen man das Markttreiben gut beobachten kann. Man kann aber auch an der Cafébar sitzen und den Geruch der frisch gerösteten Bohnen einsaugen, draußen auf der Church Street die Sonne genießen oder an einem der rustikalen Holztische im Restaurant Platz nehmen. Alles ist mit sehr viel Liebe zum Detail eingerichtet, was sich an den Wänden zeigt, die mit alten Kaffeebohnensäcken verkleidet sind, oder an den Bäumen und Pflanzen, die mitten im Restaurant wachsen. Natürlich steht auch im Restaurant das Brot im Vordergrund, z.B. in Kombination mit verschiedenen Chutneys, Pestos, Shitake-Pilzen und selbst gemachten Marmeladen.

Schoon de Companje – 7 Church Street – Stellenbosch
T: +27 (0)21 8832187 – www.decompanje.co.za

„Möchte man Fisch
essen, ist man
hier im Himmel.“

# SUR BALIK

LOKAL · GROSSZÜGIG · BELIEBT

Möchte man Fisch essen, ist man hier im Himmel – und auch deswegen ist es das Lieblingsrestaurant von Literatur-Nobelpreisträger Orhan Pamuk und vielen anderen Einheimischen. In einem historischen osmanischen Gebäude an der Seeseite in Arnavutköy gelegen, hat man von der großen Terrasse aus einen tollen Blick auf das Wasser und auf die Bosporus-Brücke. Die Qualität des Fischs ist super, die gegrillten Fischbällchen sind eine Köstlichkeit und dazu kann man aus einem Angebot von ungewöhnlicheren Gerichten wie dem leicht gesalzenen Bonito mit roten Zwiebeln bis zu einfachem, gegrillten Fisch wählen. Besonders zart ist auch der Oktopus und gerne klären die Bedienungen einen darüber auf, welcher Fisch gerade der beste Fang ist. Gleichzeitig stehen viele Gemüse und Salate auf der Karte und es heißt, dass das Geheimnis des köstlichen Tomatensalats mit weißen Zwiebeln der Hauch Sojasauce im Dressing ist. Das Publikum ist sehr gemischt und gerade mittags kann man hier herrlich entspannen. Da bekommt man auf der Terrasse im oberen der Stockwerke problemlos einen Platz, während man für den Abend unbedingt rechtzeitig reservieren sollte. Eine weitere Filiale liegt in Sumahan, aber das Restaurant in Arnavutköy is the place to be!

Sur Balık Cihangir – Kılıçali Pasa Mh. Akarsu Yokusu Cad. No: 36 Kat 7 – Istanbul-Beyoglu
T: +90 (0)212 2451087 – www.surbalik.com

»Eine unbekannte wie einmalige Erfahrung sind die süßlich marinierten Gemüse und Nüsse.«

# CIYA

➣ TRADITIONELL · SAISONAL · UNPRÄTENTIÖS

Wie gut, dass es einen Mann wie Musa gibt, der alle Freunde der einfachen ehrlichen Küche an die schönsten lukullischen Grenzen führt und seinen Gästen die Augen öffnet, was die anatolische Küche für köstliche Gerichte in ihrer Geschichte verborgen hält. Betrachten Sie die 40-minütige Anfahrt nach Kadıköy als eine Pilgerreise zu einer neuen Wahrheit, das unprätentiöse Ambiente des Restaurants und die fairen Preise als Bescheidenheit sowie Konzentration auf das Wesentliche – auf Musas Küche. Eine Karte gibt es nicht, denn Musa kocht im Jahr mit seinem Team etwa 700 verschiedene Gerichte unter Verwendung von Zutaten, die zu der Jahreszeit optimal gereift sind. Mit Ausnahme von Tomaten, Auberginen und grünem Pfeffer, um die kommt er einfach nicht herum. In Istanbul spricht man von ihm mit viel Respekt und nicht selten wird er von älteren Gästen angesprochen, die sich bedanken, ein Gericht ihrer Kindheit bei ihm wiederentdeckt zu haben. Die warmen Gerichte dampfen immer schon fertig in den Kesseln, so müssen Sie nur darauf zeigen, was angenehm schnell geht. Lahmacun, ein dünnes Fladenbrot mit Gemüsepasten, und die Kebabs werden immer frisch gemacht. Eine absolute unbekannte wie auch einmalige Erfahrung sind die süßlich marinierten Gemüse wie Oliven, Auberginen, Walnüsse und Tomaten. Sie werden in einem aufwendigen Prozess zu einem unglaublichen Dessert verfeinert und entweder mit Sesammus oder Ziegenrahm gereicht. Köstlich!

Çiya Kebap – Caferaga Mah. Güneslibahçe Sk. No: 48/B – Istanbul-Kadıköy
T: +90 (0)216 3363013 – www.ciya.com.tr

SHOP
AK

# GJELINA

KALIFORNISCH · BELIEBT · LÄSSIG

Als Fran Camaj 2008 sein Gjelina eröffnet hat, das nach seiner Mutter benannt ist, wollte er eigentlich nur einen Ort mit gutem Essen für Freunde schaffen – und mittlerweile ist seine Fangemeinde so groß, dass man zu Hauptzeiten nur noch schwer einen Platz bekommt. Das Warten auf einen Tisch lässt sich aber gut mit einem Drink an der Bar überbrücken, wo man auch schon mal einen Blick in die Karte werfen kann, deren Gerichte man am liebsten einmal von oben nach unten bestellen möchte. Da alles köstlich, farm-to-table und auf den Punkt ist, kann man nichts falsch machen. Klassiker sind die Salate und Gemüse-Vorspeisen, der Mushroom Toast, der Lamm-Burger oder die Gryere Pizza und als Dessert den berühmten Butterscotch Pot de Creme, ein herrlich cremiger Caramel Flan mit Salzkristallen und Creme Fraiche. Für das perfekte Gjelina-Erlebnis kommt man am besten mit mehreren Freunden und jeder bestellt etwas anderes, so dass man alles einmal probieren kann. Wer keinen Platz bekommt, kann die köstliche Gjelina Küche im GTA Take Away nebenan geniessen oder in Camaj's neustem Coup dem Gjusta, auch in Venice.

Gjelina – 1429 Abbot Kinney Blvd – Venice – Kalifornien
T: +1 310 450 1429 – www.gjelina.com

Canon

» Für das perfekte Gjelina-
Erlebnis kommt man am besten
mit mehreren Freunden
und jeder bestellt etwas anderes. «

# CAFÉ GRATITUDE

## MODERN · ORGANIC · CONSCIOUS

Diese süchtig machende Anlaufstelle für köstliche, gesunde Gerichte kommt ursprünglich aus der Bay Area. Versprüht sie dort noch einen Hauch von Müslikultur, ist sie in L.A. der vegane place to be. Hochmodern in einem gläsernen Kubus mit Sonnenterrasse im Larchmont Village platziert, wird hier nicht nur Energie spendendes Food, sondern auch das Miteinander zelebriert. Wer möchte kann am Community Table sitzen, sein Live Sandwich mit Mandelpaté, Avocado und Senfdressing oder seine Pasta aus Meeresalgen mit Kohl, Koriander, Basilikum, Minze und Teriyaki Mandeln genießen oder einen Mint Chocolate Chip Shake mit rohem Kakao und dabei ungezwungen ins Gespräch kommen. Dieses passiert sowieso spätestens, wenn der Kellner kommt. Nicht nur, dass die Gerichte Namen wie „I am joy“, „I am pure“ oder „I am hearty“ tragen, sie werden auch mit der Frage des Tages serviert: Was liebst du an deinem Leben?, Worauf bist du stolz? oder Was lässt dich leuchten? wird einem zum Nachdenken mit auf den Weg gegeben. Das Gratitude ist eine Erfolgsstory und mittlerweile weltbekannt, dabei wollten die Besitzer Terces and Matthew Engelhart damals einfach nur einen Ort kreieren, wo man ihr Spiel „The Abounding River“ spielen konnte. Mittlerweile gibt es zwei weitere Filialen in Venice und Downtown.

Café Gratitude – 639 N Larchmont Blvd Los Angeles – Hollywood – Kalifornien
T: +1 323 580 6383 – www.cafegratitudela.com

»

Süchtig machende
Anlaufstelle für köstliche,
gesunde Gerichte.

«

What are you grateful for?

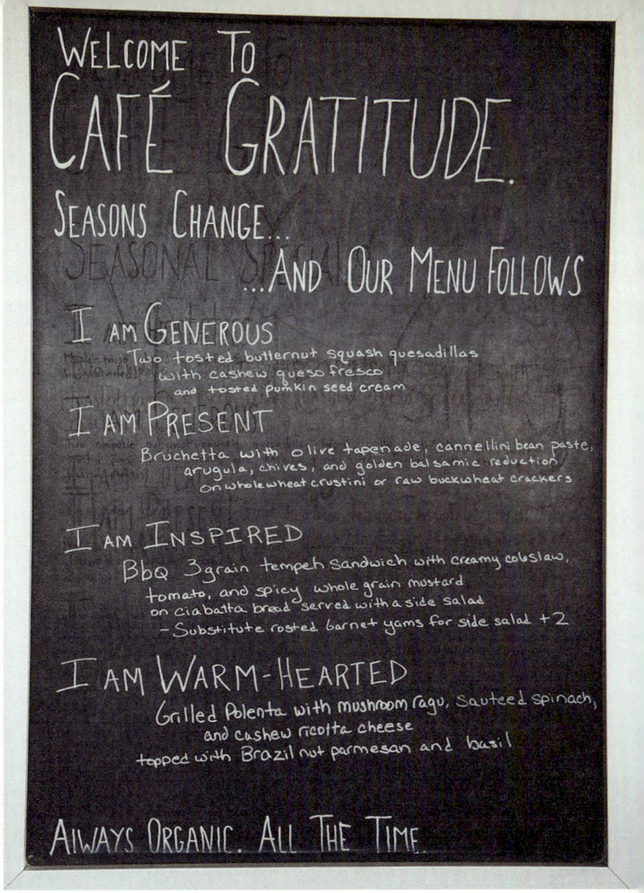
Welcome To
Café Gratitude
Seasons Change...
...And Our Menu Follows
I am Generous
Two tosted butternut squash quesadillas
with cashew queso fresco
and tosted pumkin seed cream
I am Present
Bruchetta with olive tapenade, cannellini bean paste,
arugula, chives, and golden balsamic reduction
on whole wheat crustini or raw buckwheat crackers
I am Inspired
Bbq 3grain tempeh sandwich with creamy coleslaw,
tomato, and spicy whole grain mustard
on ciabatta bread served with a side salad
- Substitute rosted Garnet yams for side salad +2
I am Warm-Hearted
Grilled Polenta with mushroom ragu, Sauteed spinach,
and cashew ricotta cheese
topped with Brazil nut parmesan and basil
Always Organic. All The Time.

SOIF

# SQIRL

## LEBENDIG • ANGESAGT • SAISONAL

Am Anfang war es nur eine Marmeladenküche in East Hollywood, in der Jessica Koslow Früchte vom Farmers Market eingekocht hat. Als Hommage an die Obstvielfalt in ihrer kalifornischen Heimat. Die besonderen Kombinationen aus Früchten und Gewürzen wie Wilde Blaubeere mit Estragon, Maulbeere mit Basilikum oder Schwarze Johannisbeere mit Meyer Lemon, einer süßen kalifornischen Zitronenart, wurden schnell zum Renner auf Farmers Märkten und in den besten Deliläden der Stadt. Fehlte bloß noch der passende Toast & Coffee zur Marmelade und so hat Koslow Ende 2012 die Küche zu einem Eckcafe mit Community Table erweitert. Und mit so viel Liebe, Feingefühl und auf den Punkt gebracht wie ihre Marmeladen, sind auch die Gerichte, die sie anbietet. Ob der jeden Morgen frisch gebackene Brioche Toast, süß mit Ricotta und einer ihrer Marmeladen, Chocolate Ganache, Nussbutter und Fleur de Sel oder herzhaft mit Kale, Tomatenpüree, hot sauce und Ei. Oder die Rice Bowl mit Sauerampferpesto, Meyer Lemon, Schwarzem Rettich, Schafsfeta und pochierten Ei. Und der Kaffee als Espressoshot oder Filterkaffee von den besten Röstereien Kaliforniens. Die meisten Kunden kommen aus der Nachbarschaft und zu Fuß, stehen geduldig Schlange oder warten auf den nächsten freien Tisch auf dem Bürgersteig. Ruhig ist es hier eigentlich nie, höchstens ganz früh am Morgen oder nach 15.00 Uhr.

Squirl Kitchen – 720 N Virgil Ave – Los Angeles – Kalifornien
T: +1 323 284 8147 – www.sqirlla.com

LACTO FERMENTED HOT SAUCE,
FETA, POACHED EGG $7.50
SAME AS ABOVE, BUT
EGG OR FETA, SUB. GREENS $9
KOKUHO ROSE BROWN
SALAD, LEMONGRASS, MINT,
GINGER $7.50
- W/ FRIED EGG $8.50
- THE WORKS $11
(EGG + SAUSAGE)
BACON
* DISHES SERVED AS IS *
KALE, TOMATILLO PUREE, LACTO
FERMENTED HOT SAUCE,
FRIED EGG $7.50
DAILY QUICHE WITH
MARKET GREENS $10
DAILY FRITTATA WITH
MARKET GREENS $8
**ADD SAUSAGE, BACON OR
PROSCIUTTO $3.75
HOT SAUCE $.50
KOKUHO ROSE BROWN RICE
PORRIDGE, STRAUS MILK,
TOASTED HAZELNUTS, JAM
$6.50
LACTOSE FREE PORRIDGE, HOUSE
ALMOND MILK, JAM, TOASTED
HAZELNUTS $7
GRANOLA
-WITH HOUSE ALMOND MILK $5.50
-WITH YOGURT + JAM $6
JAM STUFFED BRIOCHE FRENCH
TOAST, CREME FRAICHE $9
-W/ MAPLE SYRUP $11
BRIOCHE TOAST, GUITTARD
CHOCOLATE GANACHE, NUT
BUTTER, FLEUR DE SEL $6.75
BURNT BRIOCHE TOAST, HOUSE
RICOTTA, DAILY JAM $7
BRIOCHE TOAST AND JAM
$4.50
BRIOCHE TOAST, JAM, NUT
BUTTER $5.50
JAMS OF THE DAY
- QUINCE + ROSEMARY

»Am Anfang war es nur eine Marmeladenküche, in der Jessica Koslow Früchte vom Farmers Market eingekocht hat.«

»Der lokale Treffpunkt im Beachwood Village, dem alten Hollywoodland mit dem berühmten Hollywood Sign.«

# BEACHWOOD CAFE

## LOKAL • GEMÜTLICH • MODERN

„Good Food, Good Mood“, steht hier über der Bar und ist das Motto vom Beachwood Cafe, einem modernen amerikanischen Diner, das passend zum L.A. Lifestyle auch vegetarische und vegane Varianten anbietet und der lokale Treffpunkt im Beachwood Village ist. Idyllisch gelegen am Fuße des Beachwood Canyons, dem alten Hollywoodland mit dem berühmten Hollywood Sign auf der Spitze. Patti Peck, die schon mit fünf auf der Farm ihrer Großeltern half, später unter Alice Waters in Chez Panisse gekocht hat und eigene Restaurants in L.A. führte, hat 2012 den ehemaligen Village Coffee Shop übernommen und wiederbelebt. Das stylisch originelle Interieur mit den gelbblau in Pyramidenform gefließten Boden, Kunsttapeten von Geoff McFetridge an den Wänden, der langen Bar und den Vintage-Tischen verströmt einladendes Community Feeling und bietet jede Menge Platz. Und passt immer, ob auf einen Kaffee oder kurzen Snack, ein ausgiebiges Brunch mit Freunden oder ein gemütliches Dinner – und wie in einer Brasserie kann man hier auch immer alles bekommen. Alle Gerichte sind Farm-to-table und vom Fenchelketchup bis zur Basilikum-Minz-Limonade selbstgemacht. Legendär ist das gebackene Oatmeal mit Datteln und Walnüssen, die nach Canyons benannten Eiergerichte, der Cheeseburger und die Quinoa Bowl.

Beachwood Cafe – 2695 N Beachwood Dr – Los Angeles – Hollywood
T: +1 323 871 1717 – www.beachwoodcafe.com

Good
gramma
is sexy

# BIG SUR BAKERY

IDYLLISCH • LÄSSIG • ERFRISCHEND

Durch die Big Sur Bakery weht ein erfrischender Hauch von Urbanität. Mitgebracht haben ihn die drei Besitzer Michelle Rizzolo, Philip Wojtowicz und Mike Gilson. Nachdem sie jahrelang in renommierten Restaurants in L.A. gekocht haben, wollten sie ihr eigenes Restaurant eröffnen, am für sie schönsten Ort der Erde und mit der Mission langsamer zu machen und die Sinne wieder zu spüren („Slow down and come to our senses.“) Ab 8.00 Uhr morgens duftet es nach frisch gebackenen Brot, trifft sich die Big Sur Community an der Bar zu Kaffee und frisch gebackenen Scones, tauscht News aus, während der Barista einen perfekten Espresso Shot nach dem anderen zieht. Ausgiebiger frühstücken kann man an einem der Tische im Restaurant oder im idyllischen Garten, z.B. homemade Granola mit local honey, Avocado Sandwich mit dem tollen selbstgebackenen Sauerteigbrot oder zum Brunch am Wochenende die fluffigen Nine grain Pancakes. Abends geht es in der Bakery gemütlich zu, wenn der Kamin brennt und im Holzofen Pizza gebacken wird. Legendär ist auch die Clam Showder und Michelle‘s Desserts, das Peppermint Ice Cream Sundae oder der Hazelnut Flan mit Kirschen. Man muss nur aufpassen, dass man an der Big Sur Bakery nicht vorbeifährt, liegt sie doch etwas versteckt hinter der charmanten alten Shell-Tankstelle.

Big Sur Bakery – 47540 Highway 1 – Big Sur – Kalifornien
T: +1 831 6670520 – www.bigsurbakery.com

„Ab 8.00 Uhr morgens duftet es nach frisch gebackenen Brot und es trifft sich die Big Sur Community zu Kaffee.“

OPEN
RESTROOM

BIG SUR
BAKERY &
RESTAURANT

”

Hier stimmt einfach
alles, von der Einrichtung
bis zur Karte.

“

# THE FAT RADISH

## ➵ SAISONAL · HANDVERLESEN · GEMÜTLICH

Ein Lieblingsrestaurant in der Lower East Side. In der ehemaligen chinesischen Wurstfabrik haben der Koch Benjamin Towill und der Designer Phil Winser 2010 ihr Farm-to-table-Restaurant The Fat Radish eröffnet. Hier stimmt einfach alles, von der Einrichtung bis zur Karte, die, wie der Name schon anklingen lässt, sehr gemüselastig ist. Ein moderner Klassiker ist die „Fat Radish plate“ mit braunem Reis, Gemüsen der Saison und jeder Menge Kräutern, der cremige Kichererbsenhummus ist unvergesslich, aber auch ein Burger fehlt nicht auf der Karte. Das Menü stellt Towill danach zusammen, was er frisch und hochwertig auf dem Union Square Greenmarket bekommt. Einfach, gesund und köstlich, das sind die Kriterien für seine Küche, in der ausschließlich saisonal und mit handverlesenen Zutaten gekocht wird. Im Fat Radish ist immer ziemlich viel los, dicht an dicht und sehr gemütlich sitzt man an den bunt zusammengewürfelten Holztischen mit trendy Leuten aus der Nachbarschaft. Will man in Ruhe reden oder es etwas entspannter haben, sollte man zum Lunch kommen. Für abends muss man unbedingt reservieren. Toll ist es auch, hier am Wochenende zu brunchen – mit Buttermilch-Biscuits mit Cheddar und Dill oder süßem Erbsen-Pie mit Minze und Crème fraîche.

The Fat Radish – 17 Orchard Street – New York-Lower East Side
T: +1 212 3004053 – www.thefatradishnyc.com

16 Bedford Ave.
BAR
BRUNCH

# FIVE LEAVES

BELIEBT · LÄSSIG · GEMÜTLICH

Seitdem die Freunde Kathy Mecham, Jud Mongell und Ken Addington 2008 der Greenpoint-Nachbarschaft im Brooklyner Norden das Five Leaves geschenkt haben, geht es hier den ganzen Tag über geschäftig zu. Und die schöne Terrasse, die einmal um das charmante Eckhaus geht, ist sogar an kalten Wintertagen ein beliebter Hotspot. Am Wochenende zur Brunchzeit geht die Schlange einmal um den Block, und in freudiger Erwartung der fluffigen „Ricotta pancakes“ mit Ahornsirup, des „Chopped black kale“, Grünkohlsalat mit Haselnüssen, Gouda und Anchovisdressing, oder des legendären „Moroccan style eggs“ reiht man sich hier gerne ein. Entstanden ist die Idee zu dem Café, als Jud und Heath Ledger sich bei einer Strandparty in Australien trafen und beschlossen, einen kleinen Kaffeeladen in der damals noch polnischen Community in Brooklyn zu eröffnen. Heraus kam schließlich dieses Bistro, dessen Erfolg der Schauspieler, der gegenüber wohnte und 2008 verstarb, leider nicht mehr mit erlebte. Heute trifft sich im Five Leaves die kreative Community des Viertels, zu der Stammgäste wie Björk, Penn Badgley und Zoë Kravitz gehören. Direkt gegenüber liegt das Nights & Weekends, ein von Karibikflair inspirierter Ableger, den Kathy und Jud mit der gleichen Detailverliebtheit eingerichtet haben und der am Abend eine beliebte Adresse für Avocado-Toast, Fisch-Tacos und Frozen Margaritas ist.

Five Leaves – 18 Bedford Avenue – New York-Greenpoint
T: +1 718 3835345 – www.fiveleavesny.com

"

Am Wochenende
zur Brunchzeit geht die Schlange
einmal um den Block.

"

# MARLOW & SONS

STYLISH • RELAXT • ARTISAN

In diesem Café-Restaurant und Grocery-Store kann man seinen ganzen Tag verbringen. Im Schatten der Williamsburg Bridge gelegen, lässt es sich von hier wunderbar relaxt nach Manhattan mit seinem hektischen Treiben hinüberschauen. Starten kann man morgens mit Granola, einem Green Juice oder einem Biscuit mit Scrambled Eggs, zum Lunch gibt es Marktsalate und köstliche Sandwich-Kreationen mit Schinken und Rhabarberbutter, und am Abend werden Burger, verschiedene Austern und Tagesspezialitäten serviert. Alles ist „farm-to-table", und das Fleisch kommt aus der hauseigenen Metzgerei Marlow & Daughters, die nur wenige Häuser weiter liegt (95, Broadway) und ein weiterer stylisher Ort des kleinen Imperiums von Andrew Tarlow ist. Ganz so wie ein kleines europäisches Deli soll Marlow & Sons sein, ein Ort, an dem man nach der Arbeit zum Essen und für einen Drink stoppt, den Kerl hinter der Bar kennt und entspannt. Entweder gemütlich an den Holztischen oder draußen auf der kleinen Terrasse am Brooklyn Broadway. Für zu Hause kann man dann auch noch etwas in dem dazugehörigen Shop einkaufen, sei es Pasta, eine Flasche Wein, die tolle handgemachte Mast Brothers Chocolate aus Williamsburg oder andere lokale Produkte.

Marlow & Sons – 81 Broadway – New York-Williamsburg
T: +1 718 3841441 – www.marlowandsons.com

CHEESE

» In diesem Café-Restaurant
und Grocery-Store
kann man seinen ganzen Tag
verbringen. «

„Geduldig reiht man sich
in die Schlange der Wartenden ein,
um sich dem wunderbaren
Schauspiel hinzugeben.“

# SWAN OYSTER DEPOT

TRADITIONELL · FAMILIÄR · LEBENDIG

Seit 1912 ist das Swan Oyster Depot der Familie Sancimino eine der Institutionen der Stadt und fast schon eher ein Wahrzeichen als nur ein Restaurant. Das Zentrum des kleinen, schmalen Ladens ist ein wunderschöner alter Marmortresen, ein Relikt aus alten Tagen, um das sich seit der Eröffnung das Leben dreht. Dahinter steht Kevin Sancimino zusammen mit seinem Vater und seinem Cousin und reicht den Gästen gut gelaunt Unmengen von Austern und frischestem Meeresgetier über den Tresen. Beliebte Klassiker auf der Karte sind auch der Shrimp-Salat mit Taschenkrebsen und einem hausgemachten Dressing aus einer feinen Senf-Buttermayonnaise, die reichhaltige „Clam Chowder“, eine Fischsuppe mit Venusmuscheln, Gemüse und Sahne, und natürlich Lobster. Alles Köstlichkeiten, die einen schon beim Betreten der Swan Oyster Bar in der Fensterauslage in üppigen Mengen anlachen. Das gute Sauerteigbrot und ein Glas Sauvignon Blanc vom Weingut Honig aus dem Napa Valley sind die perfekten Begleiter für einen unvergesslichen Lunch. Geduldig reihen sich die Kunden in die Schlange der Wartenden ein, wohl wissend, dass man nur einen Platz an der Bar ergattert haben muss, um sich zu seinem Glück dem wunderbaren Schauspiel der Sancimino-Familie hingeben zu können.

Swan Oyster Depot – 1517 Polk Street – San Francisco-North Beach
T: +1 415 6731101

»Süße und salzige Köstlichkeiten, die sich in überbordender Vielfalt in der Vitrine aneinanderreihen.«

# TARTINE BAKERY

ARTISAN · LEBENDIG · BELIEBT

Die obligatorische Schlange vor dem Eingang einer kulinarischen Adresse ist in San Francisco immer ein untrügliches Zeichen für herausragende Qualität. In der Tartine Bakery konzentriert sie sich in einem lebendigen und überraschend kleinen Raum, aber bei einem unglaublichen „Output". Dazu gehören süße und salzige Köstlichkeiten, die sich in so überbordender Vielfalt in der Vitrine aneinanderreihen, dass ein Besuch niemals reichen wird, um allen Verlockungen nachzugeben. Morgens kann man dem Frühstück mit Croissants, Morning Buns und Kaffee von Four Barrel – der besten Rösterei San Franciscos – erliegen, aber schon ab zehn Uhr wird auch der Croque Monsieur serviert. Die grandiose Komposition aus Sauerteigbrot, Béchamelsauce, Schinken und Käse haben wir noch nirgends besser gegessen. Genauso wenig den Bread-Pudding mit Beeren der Saison. Gegründet haben die Tartine Bakery zwei, die wissen, was gute Qualität ist: Pastry Chef Elisabeth Prueitt und Bäcker Chad Robertson, die ihr Handwerk in Frankreich lernten, es in einer kleinen kalifornischen Bäckerei perfektionierten und sich schließlich 2002 im Mission District niedergelassen haben. Ihr legendäres Brot wird von Dienstag bis Samstag gebacken, immer nachmittags – und das kann man riechen, denn dann weht der verführerische Duft aus der Backstube, die gleich dahinter liegt, durch die Bakery. Ein Glück nur, dass man alles auch mitnehmen kann.

Tartine Bakery – 600 Guerrero Street – San Francisco-Mission
T: +1 415 4872600 – www.tartinebakery.com

# MAKING OF

Klar, wir haben einen Traumjob. Wir packen regelmäßig unsere Koffer, lernen die Welt und außergewöhnliche Menschen kennen, dürfen sie ins Herz schließen und ihre Leidenschaften kennenlernen. Dabei brechen wir in Umbrien schon mal vor Sonnenaufgang zur Trüffelsuche auf oder in Südafrika in den Busch, um Giraffen vor die Kamera zu bekommen. Auf einer andalusischen Hazienda weihen uns Pferdeflüsterer in ihre Geheimnisse ein oder wir nehmen in der kalifornischen Wüste ein Soundbad und verirrren uns dabei schon mal – und suchen dann den richtigen Weg stundenlang. Apulische Großmütter führen uns in die Kunst des Pasta-Machens ein, im Cilento lernen wir Burrata zu ziehen und nicht selten kommt es vor, dass wir uns an einem Tag durch gleich mehrere Restaurants probieren. Das ist herrlich, kann aber durchaus auch auf den Magen gehen. Genauso wenn, trotz aller Professionalität, doch jemand mal den Pass vergisst, wir uns von einem Ort nicht trennen mögen und das Flugzeug dann schon weg ist – und die platten Reifen, nachdem der Weg mal wieder quer durch die Natur geführt hat, wollen wir gar nicht zählen. Doch auch wenn es mal strapaziöser wird, erwartet uns jeden Abend ein neuer Ort, um wieder aufzutanken, ob das im heimeligen Bed & Breakfast ist, im umwerfend luxuriösen Boutique-Hotel, in der Yurte, dem Baumhaus oder im Strandbungalow.

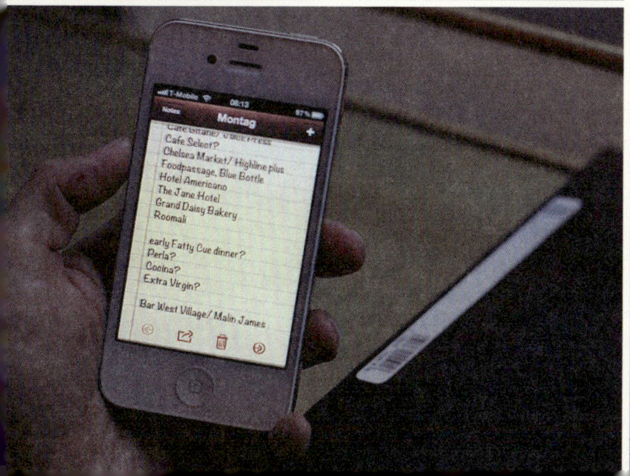
T-Mobile
Montag
Cafe Select?
Chelsea Market/ Highline plus
Foodpassage, Blue Bottle
Hotel Americano
The Jane Hotel
Grand Daisy Bakery
Roomali
early Fatty Cue dinner?
Perla?
Cocina?
Extra Virgin?
Bar West Village/ Malin James

POLICIA

## DAS FEINSTE VOM LIEBSTEN

Entdecken Sie auch die 66 feinsten Wohlfühl-Oasen der schönsten Städte und Regionen der Welt.

ISBN: 978-3-86497-343-7
288 Seiten, Hardcover
19,90 € (D) / 20,50 € (A)

Erhältlich im Buchhandel und unter sz-shop.de

Griechenland // Kreta
Seite // 79
VILLA ATHERMIGO
VERSTECKT · CHA
Wenn Sie einen Ort suchen, an
genießen möchten, dann sind S
erreichen Sie in einer 250 Jahre
Gleich nach dem Eintreten fällt
Abwechslung zu der oft in Blau-
wurde harmonisch mit moderne
zelnen Cottages, die sowohl se
Dazu gehört eine gemeinsame
maligen Olivenöl-Manufaktur li
Gemüsebeeten, wo die frischen
nen, liegt pures Urlaubsflair in d
nen Sie ungestört lesen, mit Fre
Einzige Geräuschkulisse könnte
Ziege mit sich bringen oder ein
erwartet Sie das griechische Bi
abends zu kochen, kehrt einfac
nach den Familienrezepten des
spannung kommt keine Langew
dörfer wollen entdeckt werden
Villa Athermigo – Agios Pavlos
T: +30 (0)28250 23400 – www.at
„In einer 250 Jahre alten Ölmühle erwartet Sie das absolute Erholungsparadies."

THE SOHO HOTEL
BIG · BOLD · BEAUTIFUL
Nördlich vom Piccadilly Circus beginnt ein kleines Gewirr von Straßen, das mehr Songs, Skandale, Filme, Bücher und Ideen hervorgebracht hat als irgendeine andere Quadratmeile auf der Welt. Soho. Mit seinen Bars, Restaurants, Theatern und dem ein oder anderen übrig gebliebenen Stripteaselokal gehört es seit jeher zu den nachtaktivsten Gegenden Londons. Nur stilvoll schlafen konnte man hier lange nicht. Das hat sich mit dem The Soho Hotel geändert. Wie ein großer moderner Luxusdampfer liegt es in einer kleinen ruhigen Seitenstraße. Seine Vergangenheit als Parkhaus ist ihm nicht mehr anzusehen. Designerin Kit Kemp hat das Interieur unkonventionell und bunt inszeniert. Hier verschmelzen Spaß, Entertainment und Tradition. Unnötig zu erwähnen, dass in den großzügigen Zimmern mit extrabreiten komfortablen Betten jedes Detail stimmt. Zuvorkommendes Personal in dunkelgrauen Mark-Powell-Maßanzügen, gemütliche Salons mit bequemen Sofas, offenen Kaminen und eine lange glamouröse Bar machen es zum Prototyp des modernen, lässigen Grand Hotels.
The Soho Hotel – 4 Richmond Mews – London-Soho
T: +44 (0)20 7559 3000 – www.firmdale.com

„Allesamt Materialien, die mit Würde altern, ja sogar nach Jahren oft noch schöner werden."

„Ein perfektes Wochenende …“

Amsterdam

Barcelona

Basel

Berlin

Brüssel

Budapest

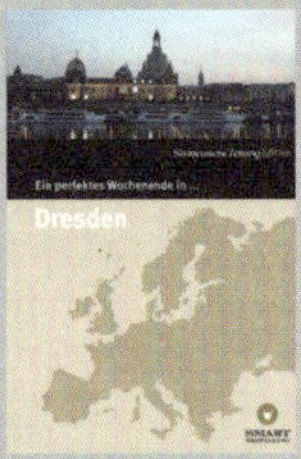
Dresden

Dubai

Dublin

Florenz

Hamburg

Hongkong

Istanbul

Köln

Kopenhagen

Lissabon

London

Madrid

Mailand

München

Neapel

New York

Nizza

Palma de Mallorca

Paris

# „Eine perfekte Woche …“

Amalfiküste

Andalusien

Apulien

Bayerisches Alpenvorland

Berliner Umland

Bodensee

Cornwall

Côte d‘Azur

Gardasee

Ibiza

Kalifornien

Kapstadt

Kreta

Mallorca

Marrakesch

Portugal